興味の尽きることのない漢字学習

漢字文化圏の人々だけではなく、
世界中に日本語研究をしている人が数多くいます。
漢字かなまじり文は、独特の形を持ちながら
伝統ある日本文化を支え、
伝達と文化発展の基礎となってきました。
その根幹は漢字。
一字一字を調べていくと、
その奥深さに心打たれ、興味がわいてきます。
漢字は、生涯かけての
勉強の相手となるのではないでしょうか。

「漢検」級別 主な出題内容

10級 …対象漢字数 80字
漢字の読み／漢字の書取／筆順・画数

9級 …対象漢字数 240字
漢字の読み／漢字の書取／筆順・画数

8級 …対象漢字数 440字
漢字の読み／漢字の書取／部首・部首名／筆順・画数／送り仮名／対義語／同じ漢字の読み

7級 …対象漢字数 642字
漢字の読み／漢字の書取／部首・部首名／筆順・画数／送り仮名／対義語／同音異字／三字熟語

6級 …対象漢字数 835字
漢字の読み／漢字の書取／部首・部首名／筆順・画数／送り仮名／対義語・類義語／同音・同訓異字／三字熟語／熟語の構成

5級 …対象漢字数 1026字
漢字の読み／漢字の書取／部首・部首名／筆順・画数／送り仮名／対義語・類義語／同音・同訓異字／誤字訂正／四字熟語／熟語の構成

4級 …対象漢字数 1339字
漢字の読み／漢字の書取／部首・部首名／送り仮名／対義語・類義語／同音・同訓異字／誤字訂正／四字熟語／熟語の構成

3級 …対象漢字数 1623字
漢字の読み／漢字の書取／部首・部首名／送り仮名／対義語・類義語／同音・同訓異字／誤字訂正／四字熟語／熟語の構成

準2級 …対象漢字数 1951字
漢字の読み／漢字の書取／部首・部首名／送り仮名／対義語・類義語／同音・同訓異字／誤字訂正／四字熟語／熟語の構成

2級 …対象漢字数 2136字
漢字の読み／漢字の書取／部首・部首名／送り仮名／対義語・類義語／同音・同訓異字／誤字訂正／四字熟語／熟語の構成

準1級 …対象漢字数 約3000字
漢字の読み／漢字の書取／故事・諺／対義語・類義語／同音・同訓異字／誤字訂正／四字熟語

1級 …対象漢字数 約6000字
漢字の読み／漢字の書取／故事・諺／対義語・類義語／同音・同訓異字／誤字訂正／四字熟語

※ここに示したのは出題分野の一例です。毎回すべての分野から出題されるとは限りません。また、このほかの分野から出題されることもあります。

日本漢字能力検定採点基準 最終改定：平成25年4月1日

❶ 採点の対象
筆画を正しく、明確に書かれた字を採点の対象とし、くずした字や、乱雑に書かれた字は採点の対象外とする。

❷ 字種・字体
① 2～10級の解答は、内閣告示「常用漢字表」（平成二十二年）による。ただし、旧字体での解答は正答とは認めない。
② 1級および準1級の解答は、『漢検要覧 1／準1級対応』（公益財団法人日本漢字能力検定協会発行）に示す「標準字体」「許容字体」「旧字体一覧表」による。

❸ 読み
① 2～10級の解答は、内閣告示「常用漢字表」（平成二十二年）による。
② 1級および準1級の解答には、①の規定は適用しない。

❹ 仮名遣い
仮名遣いは、内閣告示「現代仮名遣い」による。

❺ 送り仮名
送り仮名は、内閣告示「送り仮名の付け方」による。

❻ 部首
部首は、『漢検要覧 2～10級対応』（公益財団法人日本漢字能力検定協会発行）収録の「部首一覧表と部首別の常用漢字」による。

❼ 筆順
筆順の原則は、文部省編『筆順指導の手びき』（昭和三十三年）による。常用漢字一字一字の筆順は、『漢検要覧 2～10級対応』収録の「常用漢字の筆順一覧」による。

❽ 合格基準

級	満点	合格
1級／準1級／2級	二〇〇点	八〇％程度
準2級／3級／4級／5級／6級／7級	二〇〇点	七〇％程度
8級／9級／10級	一五〇点	八〇％程度

※部首、筆順は『漢検 漢字学習ステップ』など公益財団法人日本漢字能力検定協会発行図書でも参照できます。

日本漢字能力検定審査基準

10級

程度　小学校第1学年の学習漢字を理解し、文や文章の中で使える。

領域・内容
《読むことと書くこと》　小学校学年別漢字配当表の第1学年の学習漢字を読み、書くことができる。
《筆順》　点画の長短、接し方や交わり方、筆順および総画数を理解している。

9級

程度　小学校第2学年までの学習漢字を理解し、文や文章の中で使える。

領域・内容
《読むことと書くこと》　小学校学年別漢字配当表の第2学年までの学習漢字を読み、書くことができる。
《筆順》　点画の長短、接し方や交わり方、筆順および総画数を理解している。

8級

程度　小学校第3学年までの学習漢字を理解し、文や文章の中で使える。

領域・内容
《読むことと書くこと》　小学校学年別漢字配当表の第3学年までの学習漢字を読み、書くことができる。
・音読みと訓読みとを理解していること
・送り仮名に注意して正しく書けること（食べる、楽しい、後ろ　など）
・対義語の大体を理解していること（勝つ―負ける、重い―軽い　など）
・同音異字を理解していること（反対、体育、期待、太陽　など）
《筆順》　筆順、総画数を正しく理解している。
《部首》　主な部首を理解している。

7級

程度　小学校第4学年までの学習漢字を理解し、文章の中で正しく使える。

領域・内容
《読むことと書くこと》　小学校学年別漢字配当表の第4学年までの学習漢字を読み、書くことができる。
・音読みと訓読みとを正しく理解していること
・送り仮名に注意して正しく書けること（等しい、短い、流れる　など）
・熟語の構成を知っていること
・対義語の大体を理解していること（入学―卒業、成功―失敗　など）
・同音異字を理解していること（健康、高校、公共、外交　など）
《筆順》　筆順、総画数を正しく理解している。
《部首》　部首を理解している。

6級

程度　小学校第5学年までの学習漢字を理解し、文章の中で漢字が果たしている役割を知り、正しく使える。

領域・内容

《読むことと書くこと》　小学校学年別漢字配当表の第5学年までの学習漢字を読み、書くことができる。

・音読みと訓読みとを正しく理解していること

・送り仮名や仮名遣いに注意して正しく書けること（求める、失うなど）

・熟語の構成を知っていること（上下、絵画、大木、読書、不明　など）

・対義語、類義語の大体を理解していること（禁止―許可、平等―均等　など）

・同音・同訓異字を正しく理解していること

《筆順》　筆順、総画数を正しく理解している。

《部首》　部首を理解している。

5級

程度　小学校第6学年までの学習漢字を理解し、文章の中で漢字が果たしている役割に対する知識を身に付け、漢字を文章の中で適切に使える。

領域・内容

《読むことと書くこと》　小学校学年別漢字配当表の第6学年までの学習漢字を読み、書くことができる。

・音読みと訓読みとを正しく理解していること

・送り仮名や仮名遣いに注意して正しく書けること

・熟語の構成を知っていること

・対義語、類義語を正しく理解していること

・同音・同訓異字を正しく理解していること

《四字熟語》　四字熟語を正しく理解している（有名無実、郷土芸能　など）。

《筆順》　筆順、総画数を正しく理解している。

《部首》　部首を理解し、識別できる。

4級

程度　常用漢字のうち約1300字を理解し、文章の中で適切に使える。

領域・内容

《読むことと書くこと》　小学校学年別漢字配当表のすべての漢字と、その他の常用漢字約300字の読み書きを習得し、文章の中で適切に使える。

・音読みと訓読みとを正しく理解していること

・送り仮名や仮名遣いに注意して正しく書けること

・熟語の構成を正しく理解していること

・熟字訓、当て字を理解していること（小豆／あずき、土産／みやげ　など）

・対義語、類義語、同音・同訓異字を正しく理解していること

《四字熟語》　四字熟語を理解している。

《部首》　部首を識別し、漢字の構成と意味を理解している。

3級

程度　常用漢字のうち約1600字を理解し、文章の中で適切に使える。

領域・内容

《読むことと書くこと》　小学校学年別漢字配当表のすべての漢字と、その他の常用漢字約600字の読み書きを習得し、文章の中で適切に使える。

・音読みと訓読みとを正しく理解していること

・送り仮名や仮名遣いに注意して正しく書けること

・熟語の構成を正しく理解していること

・熟字訓、当て字を理解していること（乙女／おとめ、風邪／かぜ　など）

・対義語、類義語、同音・同訓異字を正しく理解していること

《四字熟語》　四字熟語を理解している。

《部首》　部首を識別し、漢字の構成と意味を理解している。

※常用漢字とは、平成22年（2010年）11月30日付内閣告示による「常用漢字表」に示された2136字をいう。

準2級

程度 常用漢字のうち1951字を理解し、文章の中で適切に使える。

領域・内容

《読むことと書くこと》 1951字の漢字の読み書きを習得し、文章の中で適切に使える。

・音読みと訓読みとを正しく理解していること
・送り仮名や仮名遣いに注意して正しく書けること
・熟語の構成を正しく理解していること
・熟字訓、当て字を理解していること（硫黄／いおう、相撲／すもう　など）
・対義語、類義語、同音・同訓異字を正しく理解していること

《四字熟語》 典拠のある四字熟語を理解している（驚天動地、孤立無援　など）。

《部首》 部首を識別し、漢字の構成と意味を理解している。

※1951字とは、昭和56年（1981年）10月1日付内閣告示による旧「常用漢字表」の1945字から「勺」「錘」「銑」「脹」「匁」の5字を除いたものに、現行の「常用漢字表」のうち、「茨」「媛」「岡」「熊」「埼」「鹿」「栃」「奈」「梨」「阪」「阜」の11字を加えたものを指す。

2級

程度 すべての常用漢字を理解し、文章の中で適切に使える。

領域・内容

《読むことと書くこと》 すべての常用漢字の読み書きに習熟し、文章の中で適切に使える。

・音読みと訓読みとを正しく理解していること
・送り仮名や仮名遣いに注意して正しく書けること
・熟語の構成を正しく理解していること
・熟字訓、当て字を理解していること（海女／あま、玄人／くろうと　など）
・対義語、類義語、同音・同訓異字などを正しく理解していること

《四字熟語》 典拠のある四字熟語を理解している（鶏口牛後、呉越同舟　など）。

《部首》 部首を識別し、漢字の構成と意味を理解している。

準1級

程度 常用漢字を含めて、約3000字の漢字の音・訓を理解し、文章の中で適切に使える。

領域・内容

《読むことと書くこと》 常用漢字の音・訓を含めて、約3000字の漢字の読み書きに慣れ、文章の中で適切に使える。

・熟字訓、当て字を理解していること
・対義語、類義語、同音・同訓異字などを理解していること
・国字を理解していること（峠、凧、畠　など）
・複数の漢字表記について理解していること（國―国、交叉―交差　など）

《四字熟語・故事・諺》 典拠のある四字熟語、故事成語・諺を正しく理解している。

《古典的文章》 古典的文章の中での漢字・漢語を理解している。

※約3000字の漢字は、JIS第一水準を目安とする。

1級

程度 常用漢字を含めて、約6000字の漢字の音・訓を理解し、文章の中で適切に使える。

領域・内容

《読むことと書くこと》 常用漢字の音・訓を含めて、約6000字の漢字の読み書きに慣れ、文章の中で適切に使える。

・熟字訓、当て字を理解していること
・対義語、類義語、同音・同訓異字などを理解していること
・国字を理解していること（怺える、毟る　など）
・地名・国名などの漢字表記（当て字の一種）を知っていること
・複数の漢字表記について理解していること（鹽―塩、颱風―台風　など）

《四字熟語・故事・諺》 典拠のある四字熟語、故事成語・諺を正しく理解している。

《古典的文章》 古典的文章の中での漢字・漢語を理解している。

※約6000字の漢字は、JIS第一・第二水準を目安とする。

※常用漢字とは、平成22年（2010年）11月30日付内閣告示による「常用漢字表」に示された2136字をいう。

個人受検を申し込まれる皆さまへ

協会ホームページのご案内

検定に関する最新の情報（申込方法やお支払い方法など）は、公益財団法人 日本漢字能力検定協会ホームページ **https://www.kanken.or.jp/** をご確認ください。
なお、下記の二次元コードから、ホームページへ簡単にアクセスできます。

受検規約について

受検を申し込まれる皆さまは、「日本漢字能力検定 受検規約（漢検PBT）」の適用があることを同意のうえ、検定の申し込みをしてください。受検規約は協会のホームページでご確認いただけます。

1 受検級を決める

受検資格　制限はありません

実施級　1、準1、2、準2、3、4、5、6、7、8、9、10級

検定会場　全国主要都市約170か所に設置（実施地区は検定の回ごとに決定）

検定時間　ホームページにてご確認ください。

2 検定に申し込む

インターネットにてお申し込みください。

注意

①家族・友人と同じ会場での受検を希望する方は、検定料のお支払い完了後、申込締切日の2営業日後までに協会（お問い合わせフォーム）までお知らせください。

②障がいがあるなど、身体的・精神的な理由により、受検上の配慮を希望される方は、申込締切日までに協会（お問い合わせフォーム）までご相談ください（申込締切日以降のお申し出には対応できかねます）。

③申込締切日以降は、受検級・受検地を含む内容変更および取り消し・返金は、いかなる場合もできません。また、次回以降の振り替え、団体受検や漢検CBTへの変更もできません。

団体受検の申し込み

自分の学校や企業などの団体で志願者が一定以上集まると、団体単位で受検の申し込みができる「団体受検」という制度もあります。団体受検申込を扱っているかどうかは先生や人事関係の担当者に確認してください。

3 受検票が届く

受検票は検定日の約1週間前から順次お届けします。

注意

①1、準1、2、準2級の方は、後日届く受検票に顔写真（タテ4㎝×ヨコ3㎝、6か月以内に撮影、上半身無帽、正面）を貼り付け、会場に当日持参してください。（当日回収・返却不可）

②3級～10級の方は顔写真は不要です。

4 検定日当日

持ち物　受検票、鉛筆（HB、B、2Bの鉛筆またはシャープペンシル）、消しゴム

※ボールペン、万年筆などの使用は認められません。ルーペ持ち込み可。

注意

① 会場への車での来場（送迎を含む）は、交通渋滞の原因や近隣の迷惑になりますので固くお断りします。

② 検定開始時刻の15分前を目安に受検教室までお越しください。答案用紙の記入方法などを説明します。

③ 携帯電話やゲーム、電子辞書などは、電源を切り、かばんにしまってから入場してください。

④ 検定中は受検票を机の上に置いてください。

⑤ 答案用紙には、あらかじめ名前や生年月日などが印字されています。

⑥ 検定日の約5日後に漢検ホームページにて標準解答を公開します。

5 合否の通知

検定日の約40日後に、受検者全員に「検定結果通知」を郵送します。合格者には「合格証書」・「合格証明書」を同封します。
欠席者には検定問題と標準解答をお送りします。
受検票は検定結果が届くまで大切に保管してください。

進学・就職に有利！
合格者全員に合格証明書発行

大学・短大の推薦入試の提出書類に、また就職の際の履歴書に添付してあなたの漢字能力をアピールしてください。合格者全員に、合格証書と共に合格証明書を2枚、無償でお届けいたします。

合格証明書が追加で必要な場合は有償で再発行できます。

申請方法はホームページにてご確認ください。

お問い合わせ窓口

電話番号　フリーコール **0120-509-315**（無料）
（海外からはご利用いただけません。
ホームページよりメールでお問い合わせください。）

お問い合わせ時間　月～金　9時00分～17時00分
（祝日・お盆・年末年始を除く）
※公開会場検定日とその前日の土曜は開設
※検定日は9時00分～18時00分

メールフォーム　https://www.kanken.or.jp/kanken/contact/

「漢検」受検の際の注意点

【字の書き方】

問題の答えは楷書で大きくはっきり書きなさい。乱雑な字や続け字、また、行書体や草書体のようにくずした字は採点の対象とはしません。

特に漢字の書き取り問題では、答えの文字は教科書体をもとにして、はねるところ、とめるところなどもはっきり書きましょう。また、画数に注意して、一画一画を正しく、明確に書きなさい。

《例》

○熱　×熱

○言　×言

○糸　×糸

【字種・字体について】

(1)日本漢字能力検定2～10級においては、「常用漢字表」に示された字種で書きなさい。つまり、表外漢字（常用漢字表にない漢字）を用いると、正答とは認められません。

《例》

○交差点　×交叉点　（「叉」が表外漢字）

○寂しい　×淋しい　（「淋」が表外漢字）

(2)日本漢字能力検定2～10級においては、「常用漢字表」に示された字体で書きなさい。なお、「常用漢字表」に参考として示されている康熙《こうき》字典体など、旧字体と呼ばれているものを用いると、正答とは認められません。

《例》

○真　×眞　　○渉　×涉

○飲　×飮　　○迫　×迫

○弱　×弱

(3)一部例外として、平成22年告示「常用漢字表」で追加された字種で、許容字体として認められているものや、その筆写文字と印刷文字との差が習慣の相違に基づくとみなせるものは正答と認めます。

《例》

餌 → 餌 と書いても可

遜 → 遜 と書いても可

葛 → 葛 と書いても可

溺 → 溺 と書いても可

箸 → 箸 と書いても可

注意

(3)において、どの漢字が当てはまるかなど、一字一字については、当協会発行図書（2級対応のもの）掲載の漢字表で確認してください。

漢検

漢検 分野別問題集

改訂三版

3級

漢検 公益財団法人 日本漢字能力検定協会

もくじ

本書の特長と使い方

本書は、「日本漢字能力検定」の3級合格を目指した問題集です。読み、部首、熟語の理解、対義語・類義語、四字熟語、送りがな、同音・同訓異字、書き取りの分野で構成しており、学習をスムーズに進められるように工夫されています。また練習問題は、「ウォーミングアップ」→「練習1」→「練習2」と基礎的なものから順にレベルアップしていきますので、無理なく学習に取り組むことができます。

1 まずは、要点整理 漢検おもしろゼミ

各分野の問題に取り組む前に、ぜひ知っておいてほしい基礎知識を解説しています。

❶漢字のまめ知識なども取りあげていますので、読書感覚で読むことができます。

❷わかりにくい項目などは、表やイラストで解説しています。

2 練習前の肩ならし ウォーミングアップ

基礎力をチェックしましょう。

❶チェック欄

できなかった問題、間違えた問題、自信のない問題はここにチェックして、復習に役立てましょう。

❷ミニコラム（ONE Point）

問題を解く上でのテクニック・注意点・ポイントなどを述べています。

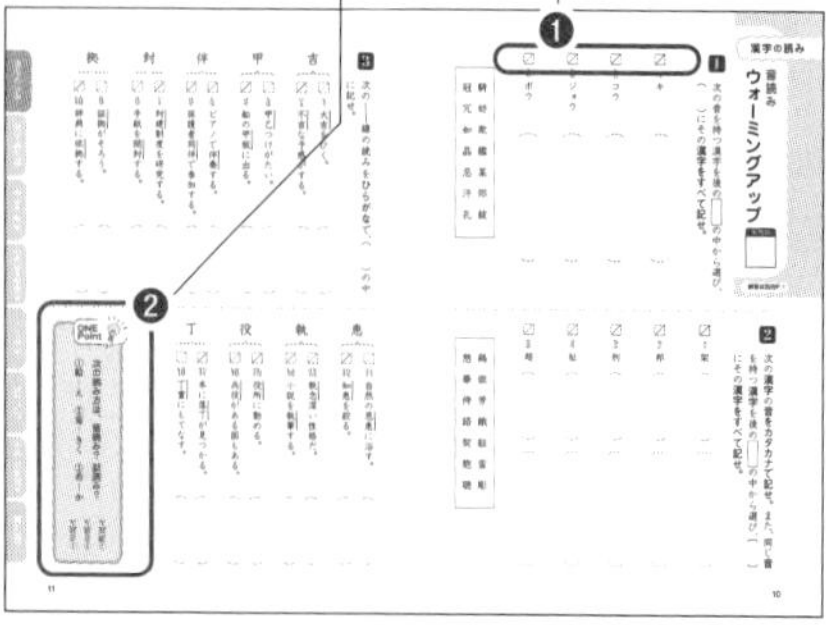

3 いろいろな練習問題に挑戦《ちょうせん》 練習1・練習2

練習1→練習2と学習を進めることで、検定に必要な漢字能力を正しく確実に身につけましょう。

❶実施日記入欄

❷解答の手助けとなる「ヒント」や「意味」を掲載しているので、漢字の成り立ちや意味などをきちんと理解した上で、問題を解くことができます。

❸間違えやすい問題や難易度の高い問題にはアイコンをつけています。アイコンのついた問題を解くことができれば、自信を持ってよいでしょう。

練習1

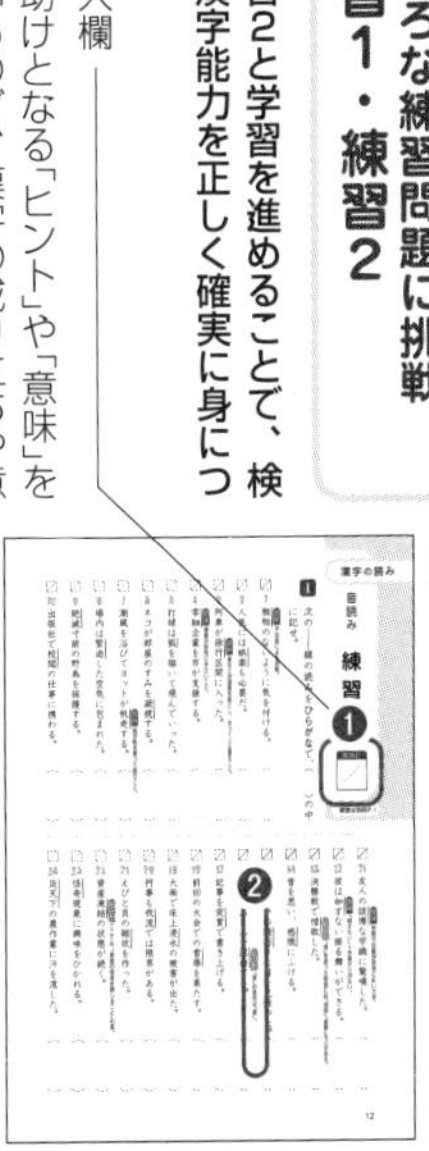

練習2

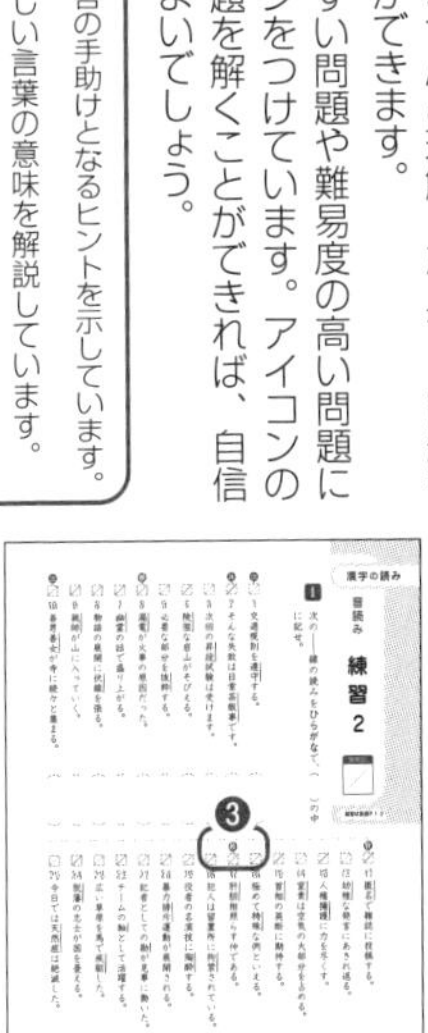

この本で使っているアイコン

- ヒント　解答の手助けとなるヒントを示しています。
- 意味　難しい言葉の意味を解説しています。
- 注　間違えやすい問題です。
- 難　難易度の高い問題です。

4 バッチリ 力をつけよう　実力完成問題

全分野の練習を終えたら、審査基準に則した出題形式の実力完成問題にチャレンジしましょう。自己採点して、苦手分野は再度復習しましょう。

5 検定直前ポイント整理　巻末資料

配当漢字の一覧や四字熟語など、確認しておきたい資料や、各種漢字表をまとめました。日々の学習や検定直前の見直しに活用しましょう。

漢検 おもしろゼミ 01

漢字の音と訓

「音・訓」理解は漢字学習の「要」

■漢字の「音」
日本に伝来した当時の中国での発音をまねた読み方。

■漢字の「訓」
漢字そのものが持つ意味と、和語（漢字が伝わる以前から使っていた日本の言葉）を結びつけた読み方。

■呉音・漢音・唐音

清浄《しょうじょう》	呉音…奈良時代以前の五～六世紀。中国における南北朝時代。長江(揚子江)下流一帯(呉の地方)から伝えられた南方系の音。
清潔《せいけつ》	漢音…奈良時代～平安時代の七～八世紀。隋《ずい》・唐の時代。遣唐使や留学僧・留学生などによって伝えられた北方系の音。
清朝《しんちょう》	唐音…鎌倉《かまくら》時代～江戸《えど》時代。宋《そう》・元《げん》・明《みん》・清《しん》の時代。禅宗《ぜんしゅう》の僧や、貿易商人などによって伝えられた音。

「肝心要」はここが「かんじんよう」？

タイトルに掲げた「肝心要」の読みは「かんじんよう」で正しいでしょうか？　そのように読んでしまいそうですが、「要」は「よう」ではなく「かなめ」と読みます。そう、ご存じ「かんじんかなめ」です。意味は「非常に大切なこと。また、そのような様子」で、「肝心」を強めた言い方です。

ところで、「要」を「かなめ」と読む読み方を「訓読み」といいます。それに対して「ヨウ」と読む読み方を音読みといいます。「常用漢字表」では、「要」の読みに訓「かなめ・い(る)」、音「ヨウ」が示されています。訓は読みのとおり「大切な・必要な」という意味であることを表し、音は用例に「要点・要注意・重要」などが挙げられています。つまり、音と訓は異なる読みでありながら、同じような意味を表すことが多々あるのです。

なお、「要」とは、もとは扇子の骨をつなぐ金具のこと。転じて、「大切なこと・物事の中心」を表す言葉として日常生活で使うようになりま

した。音訓理解はまさに漢字学習の「要」といえるでしょう。

しかし、「明」のように音読みが二つに対して、訓読みが九つもある漢字もあります（7ページ下段参照）。音読みだけ、または訓読みだけの漢字もあり、読み方から漢字の意味をくみ取るのは簡単ではありませんが、大きなヒントになります。

では、その音読み、訓読みについて見ていくことにしましょう。

漢字の「音読み」は大別して三つ

中国から伝来した漢字を、中国での発音をまねて読んだものが「音読み」です。

日本に伝来した時代や、中国のどの地域から伝わったのかによって読みは異なります。大きく三つ、**呉音**《ごおん》・**漢音**《かんおん》・**唐音**《とうおん》に分けられ、「明」なら「ミョウ」が呉音、「メイ」が漢音で、「常用漢字表」にはない読みですが「ミン」が唐音です。

これらのほかに、日本で生じた**慣用音**というものもあります。ちなみに、辞書などでは音はカタカナ、訓はひらがなで書かれることが多く、「常用漢字表」の表記もこれに従っています。

【呉音】…仏教用語を中心に日常語にも残る

奈良時代以前の五～六世紀に、長江《ちょうこう》（揚子江《ようすこう》）下流一帯（呉の地方）から伝えられた、中国南方系の音は「呉音」といわれています。

当時の中国は南北朝時代で、「南朝四百八十寺《なんちょうしひゃくはっしんじ》」（唐・杜牧《とぼく》「江南《こうなん》の春」）と歌われたように、特に呉の地方は仏教が盛んでした。そのため、今日でも呉音は仏教用語に多く見られます。日常語としては「有無・極上・強情」などが残されています。

仏教用語に残る「呉音」の例

回向《えこう》…死者のために仏事を営み、霊を慰めること。

開眼《かいげん》…新しく作った仏像や仏画に目を描いて、仏の魂を迎え入れること。

経文《きょうもん》…仏教の経典や、その文章。お経。

解脱《げだつ》…迷いや悩みから解放されて、悟りの境地に達すること。

権化《ごんげ》…仏や菩薩《ぼさつ》が、人々を救うためにこの世に現れること。

建立《こんりゅう》…寺院や堂塔などを建てること。

修行《しゅぎょう》…悟りを開くために、仏の教えを実践《じっせん》すること。

殺生《せっしょう》…生き物を殺すこと。また、むごいこと。ひどく残酷《ざんこく》なこと。

日常語に見られる「呉音」と「漢音」

漢字	呉音	漢音
金	黄金《おうごん》	貯金《ちょきん》
境	境界《きょうかい》	境内《けいだい》
供	供養《くよう》	供給《きょうきゅう》
解	解熱《げねつ》	解決《かいけつ》
強	強引《ごういん》	強力《きょうりょく》
御	御殿《ごてん》	制御《せいぎょ》
色	色彩《しきさい》	特色《とくしょく》

漢字	呉音	漢音
重	重要《じゅうよう》	重宝《ちょうほう》
客	乗客《じょうきゃく》	旅客《りょかく》
直	正直《しょうじき》	率直《そっちょく》
米	新米《しんまい》	米作《べいさく》
間	世間《せけん》	中間《ちゅうかん》
形	人形《にんぎょう》	地形《ちけい》
人	人情《にんじょう》	人権《じんけん》

［漢音］…日本での漢字音の多くを占める

七～八世紀の隋《ずい》から唐の時代にかけて、日本の遣唐使や留学生らにより、洛陽《らくよう》（今の河南省《かなん》の都市）や長安《ちょうあん》（今の西安《せいあん》）から伝えられた北方系の音が「漢音」です。漢音は、日本で平安時代に学者たちの間で重用され、呉音よりも広く一般的に使われるようになりました。

漢音の語は「強力・文化・有益」をはじめ、たくさんあります。現在、私たちが使う音のうち、最も多いのが漢音といわれています。

［唐音］…道具の名前などに残る

日本への漢字の伝来はその後も続き、鎌倉《かまくら》時代には留学僧や貿易商人によって、江戸《えど》時代には来日した禅宗の僧や中国の通事《つうじ》（通訳。商務官を兼ねることも）などによって伝えられました。

これらの漢字音は「唐音」と呼ばれますが、必ずしも唐代だけの音という意味ではなく、唐以後の宋《そう》・元《げん》・明《みん》・清《しん》などの音も含み、「唐宋音《とうそうおん》」ということもあります。

その内容は極めて雑多で、日常語における使用範囲も狭く、今日では一部の道具の名前などに残されている程度に過ぎません。「行灯《あんどん》・花《か》瓶《びん》・提灯《ちょうちん》」などが唐音にあたります（「花《か》」は漢音）。

三種類の音読みを持つ字もある

呉音　頭痛《ずつう》

漢音　頭髪《とうはつ》

唐音　饅頭《まんじゅう》

■道具などの名に多い「唐音」

行火《あんか》　行灯《あんどん》　杏子《あんず》　銀杏《ぎんなん》

和尚《おしょう》　布団《ふとん》　提灯《ちょうちん》　風鈴《ふうりん》

花瓶《かびん》　椅子《いす》　暖簾《のれん》

■呉音・漢音・唐音の読み分け

漢字	呉音	漢音	唐音
脚	脚気《かっけ》	脚本《きゃくほん》	脚立《きゃたつ》
行	行列《ぎょうれつ》	行動《こうどう》	行宮《あんぐう》
経	経文《きょうもん》	経書《けいしょ》	看経《かんきん》
外	外科《げか》	外国《がいこく》	外郎《ういろう》
京	東京《とうきょう》	京師《けいし》	南京《なんきん》
明	明年《みょうねん》	明月《めいげつ》	明朝《みんちょう》

■主な慣用音

愛想《あいそ》　音頭《おんど》　概説《がいせつ》　喫茶《きっさ》

激流《げきりゅう》　攻撃《こうげき》　格子《こうし》　早急《さっきゅう》

雑誌《ざっし》　磁石《じしゃく》　信仰《しんこう》　正副《せいふく》

接続《せつぞく》　憎悪《ぞうお》　掃除《そうじ》　反物《たんもの》

弟子《でし》　独立《どくりつ》　出納《すいとう》　納戸《なんど》

女房《にょうぼう》　博徒《ばくと》　暴露《ばくろ》　夫婦《ふうふ》

[慣用音]…使い慣らされて世間に定着

呉音・漢音・唐音のいずれでもなく、日本で広く使われて一般的になったものが「慣用音」です。

前ページで「頭」の音は「ズ（呉音）・トウ（漢音）・ジュウ（唐音）」と示しましたが、ほかにも「音頭《おんど》」などの語に用いられる「ト（ド）」という読みもあります。この「ト（ド）」は「頭」の慣用音です。

訓読みは漢字の翻訳

漢字が日本に伝えられたとき、漢字は音読みしかありませんでした。しかし、漢字が表す内容と同じ意味の日本の言葉（和語）が、すでに多く存在していました。そこで、音読みしかなかった漢字に、字そのものが持つ意味と和語を結びつけた読み方が開発されました。

このように、漢字が持つ意味に近い日本語に翻訳したものとして誕生したのが訓読みです。つまり、訓読みは漢字に同じ意味の日本語の言葉を当てはめた読み方ということになります。

例えば、「川」という漢字が伝来したころ、読み方は「セン」のみでしたが、字の意味は日本語の「かわ」と同じだから、「川」を「かわ」とも読むことにしよう、というように訓読みは作られてきました。

日本語の「かわ」と
同じ意味だから
「かわ」と
読むことに……
川
セン

多くの訓を持つ漢字

漢字	音	訓
明	メイ・ミョウ	あ-かり・あか-るい・あか-るむ・あか-らむ・あき-らか・あ-ける・あ-く・あ-くる・あ-かす
冷	レイ	つめ-たい・ひ-える・ひ-や・ひ-やす・ひ-やかす・さ-める・さ-ます

送りがなのつく「語幹が3音節以上の3級配当漢字」

※[高]は高校で学習する読み

- 慰（なぐさ-める・なぐさ-む）
- 貫（つらぬ-く）
- 企（くわだ-てる）
- 欺（あざむ-く）
- 虐（しいた-げる）[高]
- 脅（おびや-かす）[高]
- 携（たずさ-える・たずさ-わる）
- 賢（かしこ-い）
- 顧（かえり-みる）
- 催（もよお-す）
- 施（ほどこ-す）
- 慈（いつく-しむ）[高]
- 潤（うるお-う・うるお-す）
- 辱（はずかし-める）[高]
- 衰（おとろ-える）
- 繕（つくろ-う）
- 葬（ほうむ-る）[高]
- 促（うなが-す）
- 怠（おこた-る）
- 滞（とどこお-る）
- 伴（ともな-う）
- 漂（ただよ-う）
- 赴（おもむ-く）
- 覆（くつがえ-す・くつがえ-る）[高]
- 芳（かんば-しい）[高]
- 奉（たてまつ-る）[高]
- 妨（さまた-げる）
- 翻（ひるがえ-る・ひるがえ-す）[高]
- 免（まぬか-れる）[高]

訓読みは、漢字一字に対して複数存在する場合があります。例えば、「生」や「下」は、いずれも「常用漢字表」で二音・十訓が認められています。

生	
音	セイ・ショウ
訓	い-きる・い-かす・い-ける・う-まれる・う-む・お-う・は-える・は-やす・き・なま

下	
音	カ・ゲ
訓	した・しも・もと・さ-げる・さ-がる・くだ-る・くだ-す・くだ-さる・お-ろす・お-りる

「滞（とどこお-る）」のような一字多音節の語や、「変わる・換わる・替わる・代わる」のような同訓異字も、学習の際は注意が必要です。

音読みや訓読みのない字もある

「絵」という漢字は、「常用漢字表」では音「カイ・エ」の読みのみで訓がありません。「絵画」の「カイ」が音で、「絵の展覧会」の「え」が訓だと勘違いしそうになりますが、「エ」は音です。「絵」という漢字が日本に伝わったとき、日本にはそれに相当する言葉がなかったため、「絵」は音読みの「エ」がそのまま日本語になったといわれています。

また、以前は訓読みがあったものの、次第に使われなくなって音読みだけが残った漢字や、逆に訓読みだけが残り「常用漢字表」では音読みが認められていない漢字もあります。

さらに、漢字には日本で作られた「国字」もあります。「峠」（とうげ）・「畑」（はた・はたけ）などがそれで、ほとんどが訓読みのみの漢字です。中には「働」のように、音読み（ドウ）と訓読み（はたら-く）の両方を持つ国字もあります。

「常用漢字表／付表」熟字訓・当て字（中学校で学習するもの）

※▲は2級・準2級配当の漢字

あずき－小豆
いおう－硫▲黄
いくじ－意気地
いなか－田舎
うなばら－海原
うば－乳母
うわつく－浮つく
えがお－笑顔
おじ－叔▲父・伯▲父
おとめ－乙女
おば－叔▲母・伯▲母
おまわりさん－お巡りさん
かじ－鍛▲冶
かぜ－風邪
かたず－固唾▲
かな－仮名
かわせ－為替
ここち－心地
さおとめ－早乙女
さしつかえる－差し支える
さつき－五月
さなえ－早苗
さみだれ－五月雨
しぐれ－時雨
しっぽ－尻▲尾
しない－竹刀
しにせ－老舗
しばふ－芝生
しゃみせん－三味線
じゃり－砂利
しらが－白髪
すもう－相撲▲
ぞうり－草履▲
たち－太刀
たちのく－立ち退く
たび－足袋
つゆ－梅雨
でこぼこ－凸▲凹▲
なごり－名残
なだれ－雪崩
はたち－二十・二十歳
はとば－波止場
ひより－日和
ふぶき－吹雪
みやげ－土産
むすこ－息子
もみじ－紅葉
もめん－木綿
もより－最寄り
やまと－大和
やよい－弥▲生
ゆくえ－行方
わこうど－若人

特別な読み方をする漢字

同じ字を　雨雨雨と　雨て読み

という川柳《せんりゅう》があります。さて、これは何と読むのでしょうか。

答えは、「同じ字を　雨雨雨《あめさめだれ》と　雨《ぐれ》て読み」と読みます。最初の「雨」は、ふつうに降る「あめ」、次は「春雨《はるさめ》」などの「さめ」、三つ目の「雨」は「五月雨《さみだれ》」の「だれ」、そして四つ目の「雨」は「時雨《しぐれ》」の「ぐれ」になります。

これは一種の言葉遊びですが、「雨」という字には「だれ」「ぐれ」といった読みはありません。「五月雨」や「時雨」などは、熟語全体で「さみだれ」「しぐれ」と読みます。

このように、漢字一字ずつに読みが分解できない特別な読み方を「熟《じゅく》字訓《じくん》」といいます。「熟字訓」は日本にもともとあった言葉に、内容の合った漢字をあてて作られました。そのため、漢字本来の読みと異なりますので、学習の際は注意が必要です。「常用漢字表」の「付表」に挙げられているので参考にしてください。

また、「父」という字は「常用漢字表」では音「フ」、訓「ちち」の読みが示されています。「父さん」の「とう」の読みがありません。「父さん」の読みは特別な読み方として、「お巡りさん」「母さん」「姉さん」などとともに同じく「常用漢字表」の「付表」に記載されています。

なお、「常用漢字表」で認められている音訓には、特別な読み方や用法のごく狭いものがあります。例えば、「遺」の「ユイ」（遺言）や「夏」の「ゲ」（夏至）、「反」の「タン」（反物）。これらの特別な読みについても、正しく読めるようにしておきましょう。

「常用漢字表」中の特別な音訓と用語例（中学校で学習するもの）

※赤字は2級・準2級配当の漢字

遺	ユイ	遺言《ゆいごん》
唄	うた	小唄《こうた》・長唄《ながうた》
仮	ケ	仮病《けびょう》
夏	ゲ	夏至《げし》
牙	ゲ	象牙《ぞうげ》
街	カイ	街道《かいどう》
胸	むな	胸板《むないた》・胸騒《むなさわ》ぎ
境	ケイ	境内《けいだい》
仰	コウ	信仰《しんこう》
嫌	ゲン	機嫌《きげん》
献	コン	献立《こんだて》・一献《いっこん》
紅	ク	真紅《しんく》・深紅《しんく》
黄	こ	黄金《こがね》
歳	セイ	歳暮《せいぼ》
財	サイ	財布《さいふ》
児	ニ	小児科《しょうにか》
手	た	手綱《たづな》・手繰《たぐ》る
舟	ふな	舟遊《ふなあそ》び・舟歌《ふなうた》
修	シュ	修行《しゅぎょう》
出	スイ	出納《すいとう》
旬	シュン	旬《しゅん》の野菜
緒	チョ	情緒《じょうちょ》
除	ジ	掃除《そうじ》
神	かん	神主《かんぬし》
仁	ニ	仁王《におう》
井	ショウ	天井《てんじょう》
声	こわ	声色《こわいろ》
星	ショウ	明星《みょうじょう》
精	ショウ	精進《しょうじん》・不精《ぶしょう》
静	ジョウ	静脈《じょうみゃく》
石	コク	石高《こくだか》・千石船《せんごくぶね》
昔	シャク	今昔《こんじゃく》
切	サイ	一切《いっさい》
早	サッ	早速《さっそく》・早急《さっきゅう》
曽	ゾ	未曽有《みぞう》
贈	ソウ	寄贈《きそう》
爪	つま	爪先《つまさき》・爪弾《つまび》く
弟	デ	弟子《でし》
度	タク	支度《したく》
稲	いな	稲作《いなさく》・稲穂《いなほ》
丼	どん	牛丼《ぎゅうどん》・天丼《てんどん》
内	ダイ	内裏《だいり》・参内《さんだい》
納	ナッ	納得《なっとく》・納豆《なっとう》
納	トウ	出納《すいとう》
拍	ヒョウ	拍子《ひょうし》
反	タン	反物《たんもの》
彼	かの	彼女《かのじょ》
眉	ミ	眉間《みけん》
苗	なわ	苗代《なわしろ》
夫	フウ	夫婦《ふうふ》・工夫《くふう》
奉	ブ	奉行《ぶぎょう》
坊	ボッ	坊《ぼっ》ちゃん
暴	バク	暴露《ばくろ》
目	ボク	面目《めんぼく》
露	ロウ	披露《ひろう》

音読み ウォーミングアップ

実施日 ／

解答は別冊P.1

1 次の音を持つ漢字を後の□の中から選び、（　）にその**漢字をすべて記せ。**

1 キ（　）
2 コウ（　）
3 ジョウ（　）
4 ボウ（　）

騎 妨 欺 鑑 某 郊 錠
冠 冗 如 晶 忌 汗 孔

2 次の**漢字**の**音をカタカナで記せ。**また、同じ音を持つ**漢字**を後の□の中から選び、〔　〕にその**漢字をすべて記せ。**

1 架（　）〔　〕
2 邦（　）〔　〕
3 刑（　）〔　〕
4 祉（　）〔　〕
5 超（　）〔　〕

鶏 倣 芳 餓 駐 蛮 彫
憩 華 侍 諮 契 胞 聴

3

次の――線の読みをひらがなで、（　）の中に記せ。

吉

1 大吉をひく。（　）

2 不吉な予感がする。（　）

甲

3 甲乙つけがたい。（　）

4 船の甲板に出る。（　）

伴

5 ピアノで伴奏する。（　）

6 保護者同伴で参加する。（　）

封

7 封建制度を研究する。（　）

8 手紙を開封する。（　）

拠

9 証拠がそろう。（　）

10 辞典に依拠する。（　）

恵

11 自然の恩恵に浴す。（　）

12 知恵を絞る。（　）

執

13 執念深い性格だ。（　）

14 小説を執筆する。（　）

役

15 役所に勤める。（　）

16 兵役がある国もある。（　）

丁

17 本に落丁が見つかる。（　）

18 丁重にもてなす。（　）

ONE Point

次の読み方は、音読み？ 訓読み？

①絵―え　②菊―きく　③香―か

①音読み　②音読み　③訓読み

音読み 練習1

実施日

解答は別冊P.1

1 次の――線の読みをひらがなで、（　）の中に記せ。

1 粗相のないように気を付ける。
意味 不注意による失敗。

2 人生には娯楽も必要だ。

3 列車が徐行区間に入った。
意味 車などが速度を落とし、ゆっくりと進むこと。

4 零細企業を市が支援する。
意味 規模が非常に小さいこと。

5 打球は弧を描いて飛んでいった。

6 ネコが部屋のすみを凝視する。

7 潮風を浴びてヨットが帆走する。
意味 船が帆を張って進むこと。

8 場内は緊迫した空気に包まれた。

9 絶滅寸前の野鳥を保護する。

10 出版社で校閲の仕事に携わる。

11 友人の該博な学識に驚嘆した。
意味 学問や知識が非常に広いさま。

12 彼は如才ない振る舞いができる。
意味 「如才ない」＝手抜かりがない。

13 決勝戦で惜敗した。
ヒント 「惜」を使った熟語には「惜別」「惜春」などがある。

14 昔を思い、感慨にふける。

15 おもちゃの精巧さに目を見張った。

16 汚れたふきんを漂白する。
ヒント 「漂」の音符は「票」。

17 記事を突貫で書き上げる。

18 前回の大会での雪辱を果たす。

19 大雨で床上浸水の被害が出た。

20 何事も我流では限界がある。

21 えびと貝の雑炊を作った。

22 資産凍結の状態が続く。
ヒント ここでは、「資産の使用を禁じること」の意。

23 怪奇現象に興味をひかれる。

24 炎天下の農作業に汗を流した。

☐ 25 橋から峡谷の風景を望む。

☐ 26 主人公の境遇に同情する。
意味 生きていく上での立場や環境。

☐ 27 万感胸に迫る。
意味 心に起こるさまざまな感情。

☐ 28 彼は虚勢を張っている。
意味 「虚勢を張る」＝実力もないのに、あるふりをしていばる。

☐ 29 隣町のクラブチームと提携する。

☐ 30 大気汚染は温暖化の原因になる。

☐ 31 山林の伐採が進む。

☐ 32 パスポートを紛失した。

☐ 33 油田の掘削には危険が伴う。
意味 土地や岩石をほったりけずったりすること。

☐ 34 新たな古墳が発見される。

☐ 35 大仏が鋳造される。
意味 金属を熱で溶かし、型に流し込んで形を作ること。

☐ 36 武道の神髄を究めたい。

☐ 37 抑揚をつけて詩をよむ。
意味 音声などの調子の上げ下げ。

☐ 38 海外小説を日本語に翻訳する。

☐ 39 話が抽象的でわかりにくかった。

☐ 40 政策の要綱が公開された。
意味 基本となる重要な事柄。また、それをまとめたもの。

☐ 41 同級生に対抗意識を燃やす。

☐ 42 各界で邦人が活躍している。
意味 自国の人。日本人。

☐ 43 卵黄は栄養に富んでいる。

☐ 44 駅から送迎バスで会場に向かう。
ヒント 「迎」を使った熟語には「歓迎」「迎合」などがある。

☐ 45 湖畔にアトリエを構える。

☐ 46 談笑のうちに会は進んだ。
意味 打ち解けて楽しく話し合うこと。

ONE Point

「音符」は漢字の発音を示す部分。漢字の「音符」に注目すれば、「泳《えい》」の「永」、「側《そく》」の「則」など、漢字の音がとらえやすくなります。

音読み 練習1

実施日 ／

解答は別冊P.1

2 次の――線の読みをひらがなで、（　）の中に記せ。

1 人がいると思ったが錯覚だった。（　）
2 最小限の犠牲で済んだ。（　）
3 彼の意見は傾聴にあたいする。（　）
意味 耳をすまして熱心に聞くこと。
4 会議は円滑に進められた。（　）
5 好きな漢詩を朗詠する。（　）
ヒント「詠」の音符は「永」。
6 健康を考え、摂生に努める。（　）
7 ご快諾ありがとうございます。（　）
ヒント「諾」を使った熟語には「承諾」「受諾」などがある。
8 新たな分野への進出を企図する。（　）
意味 くわだてはかること。計画。
9 万全の措置を講じた。（　）
10 研究機関に調査を委託する。（　）

11 サッカーの魅力にとりつかれた。（　）
12 覆面レスラーが活躍する。（　）
13 邪念を払って読書に没入した。（　）
意味 よけいな考え。
14 あまりに無謀な企てだ。（　）
15 古美術品を陳列する。（　）
ヒント「陳」を使った熟語には「陳述」「開陳」などがある。
16 何事にも慎重を期する人だ。（　）
17 膨大な作業量に頭を抱える。（　）
18 胎児は順調に育っている。（　）
19 科学の発展に寄与する。（　）
意味 役に立つことを行うこと。
20 準備は既に完了した。（　）
21 甘い誘惑に負けたくない。（　）
22 同胞のために走り回る。（　）
意味 兄弟姉妹。また同じ国民、民族のこと。
23 先賢の残した言葉に学ぶ。（　）
24 審査の結果、大賞に選ばれた。（　）

25 遅刻したことを謝罪する。

26 計画の概要を説明する。

27 出版物の検閲は禁止されている。
意味 公権力が各媒体《ばいたい》の発信する内容を強制的に調べること。

28 不要な書類を破棄する。

29 後悔の念にかられる。

30 洋服を廉価で販売する店だ。
ヒント 「廉」には「安い」と「清くて正しい」という意味がある。

31 幹事をみんなで慰労する。
意味 苦労した人に対し、感謝しねぎらうこと。

32 緩慢な動きにいら立つ。

33 ビタミンの欠乏に注意する。

34 彼は息子の危機に蛮勇を振るった。
意味 配慮を捨てた向こう見ずな勇気。

35 外壁の塗装を業者に依頼する。

36 先の発言と矛盾している。

37 姉は潔癖な性格だ。

38 西欧諸国を視察する。

39 盛大な祝宴を催す。

40 公共の施設を利用する。

41 建物の老朽化が進む。

42 成功の幻影にとらわれていた。

43 庭のすみに小さな鶏舎がある。

44 小切手を銀行で換金する。

45 優雅な振る舞いに見とれた。

46 プロの棋士の対局を観戦する。

ONE Point

熟語の読みの原則①

「辞書《じしょ》」「創造《そうぞう》」「研究《けんきゅう》」のように、上の字を音読みする場合、下の字も音読みするのが原則です。

音読み 練習 2

実施日

解答は別冊P.1・2

1 次の――線の読みをひらがなで、（　）の中に記せ。

注 1 交通規則を遵守する。（　）
注 2 そんな失敗は日常茶飯事です。（　）
3 次回の昇段試験は受けます。（　）
4 険阻な岩山がそびえる。（　）
5 必要な部分を抜粋する。（　）
難 6 漏電が火事の原因だった。（　）
7 幽霊の話で盛り上がる。（　）
8 物語の展開に伏線を張る。（　）
9 猟師が山に入っていく。（　）
注 10 善男善女が寺に続々と集まる。（　）

難 11 匿名で雑誌に投稿する。（　）
12 幼稚な発言にあきれ返る。（　）
13 人権擁護に力を尽くす。（　）
14 窒素は空気の大部分を占める。（　）
15 首相の英断に期待する。（　）
16 極めて特殊な例といえる。（　）
難 17 肝胆相照らす仲である。（　）
18 犯人は留置所に拘禁されている。（　）
19 役者の名演技に陶酔する。（　）
20 暴力排斥運動が展開される。（　）
21 記者としての勘が見事に働いた。（　）
22 チームの軸として活躍する。（　）
23 広い草原を馬で疾駆した。（　）
24 脱藩の志士が国を憂える。（　）
25 今日では天然痘は絶滅した。（　）

□ 26 人生の岐路に立たされる。
難 □ 27 理性と感情が相克する。
□ 28 地道な鍛錬が実を結ぶ。
難 □ 29 生け花の宗匠を招く。
□ 30 沈没船には金塊が積まれていた。
□ 31 社運は隆盛を極めている。
□ 32 成功を収めてご満悦の体だ。
□ 33 議員の出張に秘書が随伴する。
□ 34 多額の負債を抱えて倒産した。
□ 35 犯人逮捕の瞬間を目撃する。
□ 36 仏の慈悲にすがる。
注 □ 37 任務の遂行をちかう。
□ 38 苦労の結晶というべき作品だ。
□ 39 十代のころを回顧する。
□ 40 求刑を上回る判決が出た。

難 □ 41 老婆心ながら申し上げます。
□ 42 祖父の信条は質素倹約だ。
□ 43 晩鐘を合図に子どもが家路につく。
難 □ 44 外郭団体の存在意義を見直す。
□ 45 電線の埋設工事が始まる。
□ 46 彼はこの会社の礎石といえよう。
□ 47 明治時代に開墾された土地だ。
□ 48 パリでの滞留は二か月に及んだ。
□ 49 参加者名簿を作成する。
□ 50 いたずらに時間を浪費する。

ONE Point

複数の音を持つ漢字に注意！

漢字には複数の音が伝えられたものがあり、「頭」の「頭《ず》脳」「先頭《とう》」のように、2つ以上の音を持つものもあります。

音読み 練習2

実施日

解答は別冊P.2

2 次の――線の読みをひらがなで、（　）の中に記せ。

1 卓抜した外交手腕を発揮する。（　）
2 長い廊下が続いている。（　）
3 所有権の譲渡を約束した。（　）
難 4 幽玄の趣がある庭だ。（　）
5 大会は隔年で開催される。（　）
6 表面は被膜に包まれている。（　）
7 時間に束縛された旅だった。（　）
8 証人として喚問される。（　）
9 この辺りの海岸線は湾曲している。（　）
10 湿原で野鳥を観察する。（　）
11 残虐な君主の末路は悲惨だった。（　）
12 雨天だったが遠足を敢行した。（　）
難 13 来年度の教科書が採択される。（　）
14 紫紺の優勝旗を手にする。（　）
15 暫定的な取り決めを行った。（　）
16 人心を巧みに掌握する。（　）
17 街は丘陵に囲まれている。（　）
18 絶海の孤島に漂着した。（　）
19 店内での喫煙はご遠慮ください。（　）
20 自己啓発セミナーに参加する。（　）
21 参考書の改訂版が発売された。（　）
22 年内には答申する予定だ。（　）
23 不安要素を一掃する。（　）
24 休憩時間にコーヒーを飲む。（　）
25 事件で企業の信頼が失墜した。（　）

26 友人と意見が衝突する。（　　）
27 偶然の出来事に目を丸くする。（　　）
28 外国の裁判には陪審制度がある。（　　）
29 一番下の弟はとても強情だ。（　　）
30 既成の価値観にとらわれる。（　　）
難 31 篤志家として広く知られる。（　　）
32 孔子は中国の偉大な思想家だ。（　　）
33 創作童話が佳作に選ばれる。（　　）
34 類似品に注意して買う。（　　）
難 35 定年後も嘱託として会社に残る。（　　）
36 手術で傷口を縫合した。（　　）
37 見事な彫金の技を持つ職人だ。（　　）
38 プロジェクトの軌道修正をする。（　　）
39 容赦のない批判を浴びせる。（　　）
40 老朽化で水道管が破裂した。（　　）

注 41 平穏な毎日を送りたいものだ。（　　）
42 パンの生地を発酵させる。（　　）
43 負傷者はすぐに担架で運ばれた。（　　）
44 かつては炭坑で働いていた。（　　）
難 45 浅薄な知識を恥じる。（　　）
46 斗酒なお辞せずの豪快な人だ。（　　）
47 職権の濫用はやめるべきだ。（　　）
48 九分九厘成功するだろう。（　　）
49 試験に合格し政府の官吏となる。（　　）
難 50 邪悪な目的の犯罪だ。（　　）

ONE Point

「ほしょう」を使い分けよう!
保証→間違いないと請け合う（品質など）
保障→状態や地位を保護する（権利など）

訓読み ウォーミングアップ

実施日

解答は別冊P.3

1 次の漢字の**訓読み**をひらがなで、（　）の中に記せ。

1 穂（　）
2 姫（　）
3 桑（　）
4 豚（　）
5 婿（　）
6 房（　）
7 獣（　）
8 裸（　）
9 鯨（　）
10 鶏（　）

2 次の漢字の**訓読み**をひらがなで、（　）の中に記せ。

1 帆（　）
2 綱（　）
3 滝（　）
4 岳（　）
5 牧（　）
6 袋（　）
7 侍（　）
8 魂（　）
9 幻（　）
10 寿（　）
11 冠（　）
12 塊（　）

3 次の——線の読みを**ひらがな**で、（　　）の中に記せ。

1 生一本な性格だ。（　　）
2 生い立ちを語る。（　　）
3 新しい方法を試みる。（　　）
4 新しい道具を試す。（　　）
5 丁重に断る。（　　）
6 甘いものを断つ。（　　）
7 探し物が見つかる。（　　）
8 腹の内を探る。（　　）
9 優しい目をしている。（　　）
10 優れた才能を見せる。（　　）
11 天日で干す。（　　）
12 田が干上がる。（　　）
13 次は絶対に勝ちたい。（　　）
14 師に勝るとも劣らない。（　　）
15 けんかを裁く。（　　）
16 布地を裁つ。（　　）
17 自伝を著す。（　　）
18 著しい成長を見せる。（　　）
19 大きな皿に菓子を盛る。（　　）
20 好奇心が盛んだ。（　　）
21 リボンを結ぶ。（　　）
22 ひもで結わえる。（　　）

ONE Point

「上」の訓読みはなんと8つ！

①うえ　②うわ　③かみ　④あ-げる
⑤あ-がる　⑥のぼ-る　⑦のぼ-せる
⑧のぼ-す

訓読み 練習1

実施日 ／

解答は別冊P.3

1 次の――線の読みをひらがなで、（　）の中に記せ。

1 ようやく寒さが緩んできた。
意味 ここでは「程度がおだやかになる」の意。（　）

2 競い合うことで互いに上達する。（　）

3 ふとんを畳んで収納する。（　）

4 飯ごうで米を炊く。（　）

5 春になり、気持ちが浮き立つ。（　）

6 浅瀬を見つけて川を渡る。（　）

7 又聞きなので疑わしい情報だ。（　）

8 ワンパターンのドラマに飽きる。（　）

9 式は厳かに執り行われた。
意味 「厳か」＝威儀正しく、近寄りがたい様子。（　）

10 きれいな花嫁さんだ。（　）

11 器具の扱い方を説明する。（　）

12 凍りつくような寒さだ。
ヒント 送りがなに注目。（　）

13 愚かにも相手の口車に乗せられた。（　）

14 論文が雑誌に載った。（　）

15 水平線から朝日が昇る。（　）

16 庭の草を刈った。（　）

17 目を伏せて涙をこらえる。（　）

18 悲しい場面に目が潤んだ。
意味 「目が潤む」＝涙がにじむの意。（　）

19 新たに人を雇う。（　）

20 夕方の電車は混み合っている。（　）

21 失敗を今さら悔やむな。（　）

22 人前で恥をさらした。（　）

23 タオルを水に浸す。（　）

24 思いやりのある社会を育みたい。（　）

25 自分に司会が務まるか不安だ。

26 先月の赤字を穴埋めする。

27 危険を冒して取材を続けた。
意味 ここでは「困難なことをあえてする」の意。

28 天から授かった才能だ。

29 黙っていても売れる商品だ。

30 孤児に援助の手を差し伸べる。

31 近ごろ将棋に凝っている。

32 類いまれなる才能を発揮した。

33 友人の厚意に報いる。
意味 ここでは「受けた恩恵に見合うお返しをする」の意。

34 途中で曲のテンポが速まった。

35 もう少し野性味が欲しい。

36 彼女の周りはいつも華やかだ。

37 期待に背かず活躍した。

38 ハンドルは父が握る。

39 締め切りをきちんと守る。

40 非を認め素直に謝る。

41 声を潜めて話しかけた。
ヒント 「身を潜める」なども使う。

42 固く門を閉ざしている。

43 周囲に推されて議長に就任した。

44 自然の恵みに感謝する。

45 桜が笑むときを待ちわびる。
意味 つぼみがほころんで花が咲くこと。

46 予想を超える反響があった。

ONE Point

送りがなに注目して読み分けよう!

「触《ふ》れる・触《さわ》る」「怠《おこた》る・怠《なま》ける」のように送りがなによって読みが変わる漢字に気を付けましょう。

訓読み 練習 2

実施日

解答は別冊P.3

1 次の——線の読みをひらがなで、（　）の中に記せ。

1 降り続く雨が恨めしい。（　）
2 汗の滴がしたたり落ちた。（　）
3 山頂は雲に覆われている。（　）
4 粋な計らいに会場が和んだ。（　）
5 ツルが機を織る昔話を読んだ。（　）
6 その問題は既に解決している。（　）
7 隣国の姫は愛らしいと評判だ。（　）
8 （難）病気の悪化を憂える。（　）
9 なにかと目の敵にされる。（　）
10 忙しい毎日が続いている。（　）

11 アサガオの双葉が芽を出す。（　）
12 彼はいつ会っても朗らかだ。（　）
13 市民劇団の旗揚げ公演があった。（　）
14 言行を慎むようにしなさい。（　）
15 （難）祖母は若くして嫁いだそうだ。（　）
16 二度としないよう戒めた。（　）
17 心身ともに鍛えることが大事だ。（　）
18 いつの時代も若者が文化を創る。（　）
19 今夜はとても蒸しますね。（　）
20 （注）会は滑らかに進行した。（　）
21 （難）判断は部長に委ねられた。（　）
22 災いを福に転じよう。（　）
23 心憎い演出が宴会を盛り上げた。（　）
24 小船が一隻波間を漂う。（　）
25 （難）事業の成功で資産が殖える。（　）

難 26 子どもの健やかな成長を願う。（　　）

27 室町時代に戦があった地だ。（　　）

28 肝試しで怖い思いをした。（　　）

29 参加するかどうかの決断を促す。（　　）

30 独力で学問を究める。（　　）

31 貴重なコレクションを譲られる。（　　）

32 二人掛かりで作業に取り組む。（　　）

33 乳歯を屋根の上に放り投げた。（　　）

34 幸多かれと心から祈る。（　　）

35 ない知恵を必死に絞った。（　　）

36 店は駅から程よい距離にあった。（　　）

37 笑いを抑えるのに苦労した。（　　）

注 38 相手を脅すようなことはするな。（　　）

注 39 危機一髪で難を逃れた。（　　）

40 あだ討ちのシーンが山場だった。（　　）

41 思わず表情が硬くなった。（　　）

42 「詩の朗読の集い」は盛況だった。（　　）

注 43 授業の予習復習を怠る。（　　）

44 厳しい修行の末に悟りを開く。（　　）

45 経済発展の要は中小企業にある。（　　）

46 法の下の平等は保障されている。（　　）

47 溶かした金属を鋳型に流し込む。（　　）

48 返答に詰まってしまった。（　　）

49 外は横殴りの雨だ。（　　）

50 美しい風景が心の慰めになる。（　　）

ONE Point

熟語の読みの原則②

「手袋《てぶくろ》」「事柄《ことがら》」「煮魚《にざかな》」のように上の字を訓読みする場合、下の字も訓読みするのが原則です。

訓読み 練習2

実施日

解答は別冊P.4

2 次の——線の読みをひらがなで、（　）の中に記せ。

1 劇的な勝利に胸が躍った。（　）
2 部長は人の上に立つ器ではない。（　）
難 3 企ては結局失敗に終わった。（　）
4 長所を伸ばす教育を心掛ける。（　）
5 大きな仕事を請けた。（　）
6 古いタオルでぞうきんを縫う。（　）
7 事情を考慮し、発言を控える。（　）
8 騒音に安眠を妨げられる。（　）
難 9 実家は雑貨を商っている。（　）
10 人生の門出を祝福する。（　）
11 手術は八時間に及んだ。（　）
12 甘い言葉に惑わされるな。（　）
注 13 夢中で本のページを繰る。（　）
14 道幅が次第に狭まってきた。（　）
15 羽衣を着た天女が描かれた皿だ。（　）
16 包丁を研いで調理にかかる。（　）
17 為替が円高に振れている。（　）
18 川に新しい橋が架かる。（　）
19 慌ただしい毎日を過ごす。（　）
20 この街に雪が積もるとは珍しい。（　）
21 優勝の歓喜に酔っていた。（　）
22 目の粗いざるでこす。（　）
23 熱い情熱を胸に秘めている。（　）
24 失言で自分の首を絞めた。（　）
難 25 レモンを搾って揚げ物にかける。（　）

26 ピッチャーの癖を見破る。（　　）
注 27 読書で気を紛らそうとした。（　　）
28 転んでひざを擦りむいた。（　　）
29 午後には天気が崩れそうだ。（　　）
30 期待に応えて一位になった。（　　）
難 31 室咲きのバラが花屋に並ぶ。（　　）
32 持てる力を全て発揮した。（　　）
33 発売の延期に肩透かしを食う。（　　）
34 巧みな技による工芸品だ。（　　）
35 数々の条件に縛られる。（　　）
難 36 事故で多大な損害を被った。（　　）
難 37 人を欺いてはいけない。（　　）
38 荒波で船が大きく揺れる。（　　）
39 社長に決断を迫る。（　　）
40 怪しい空模様に顔をしかめる。（　　）

41 故あって欠席いたします。（　　）
42 会場から華やいだ声が聞こえる。（　　）
43 キュウリの苗を植えた。（　　）
44 仏像を一心に彫っている。（　　）
45 詳しい説明は省きます。（　　）
難 46 運良く卸値で分けてもらえた。（　　）
難 47 名作の誉れが高い映画を見る。（　　）
48 玄関の前をほうきで掃く。（　　）
49 そのやり方は賢い方法だ。（　　）
難 50 速やかな処置が求められた。（　　）

ONE Point

同訓異字「さめる」の使い分け

冷める→「紅茶が冷める」「愛情が冷める」
覚める→「眠りから覚める」「迷いから覚める」

特別な読み ウォーミングアップ

実施日 ／

解答は別冊P.4

1 次の――線の読みをひらがなで、（　）の中に記せ。

1 一人で旅行をしてみたい。（　）
2 悩みながら大人になるものだ。（　）
3 全国から若人が集まる。（　）
4 今日一日を大切に過ごす。（　）
5 今朝から雨が降っている。（　）
6 今年こそ優勝したい。（　）
7 竹刀を上段に構える。（　）
8 代々伝わる太刀を手に取る。（　）
9 雲一つない五月晴れが広がった。（　）
10 五月雨の時季になる。（　）

2 次の――線の読みをひらがなで、（　）の中に記せ。（＊は用法のごく狭い読み）

1 条例の施行は再来年＊になる。（　）
2 敗者は再戦を要求した。（　）
3 しばらく留守＊にする。（　）
4 チームの守護神と呼ばれる。（　）
5 境内＊＊に参拝客があふれる。（　）
6 明確な境界線を引く。（　）
7 はしで納豆＊をかき混ぜる。（　）
8 期日までに納品する。（　）
9 仮病＊で休んだのがばれた。（　）
10 パーティーで仮面をかぶる。（　）
11 妙に胸騒＊ぎがする。（　）
12 作品の出来に胸を張る。（　）

特別な読み 練習 1

実施日 ／

解答は別冊P.4

1 次の——線の読みをひらがなで、（　　）の中に記せ。

1 時雨にぬれて体を震わせる。
意味 秋の末から初冬に時おり降る冷たい雨。

2 お巡りさんに道を尋ねる。

3 弱冠二十で作家デビューした。

4 生きた心地がしなかった。

5 みんなで紅葉狩りに行く。

6 赤ちゃんを乳母車に乗せる。

7 声色を使うのが上手だ。
ヒント ここでは役者や芸人などの声の調子をまねること。また、まねたその声。

8 庭の芝生に水をまく。

9 千石船の模型が展示される。
意味 江戸《えど》時代、千石（「石」＝体積の単位）の米を積めた大型船。

10 やっと梅雨明けが発表された。

11 息子の自慢話を聞かされる。

12 トイレの掃除をする。

13 輝くような笑顔を見せる。

14 名前を片仮名で記入する。

15 寝不足では仕事に差し支える。

16 冬木立が寂しさを誘う。
意味 樹木がひとかたまりに生えている所。その木々。

17 黄金虫を捕まえる。

18 いつまでも坊ちゃんでいるな。

19 合戦の絵巻に見入る。

20 早速始めましょうか。

21 天の川がはっきり見える。

22 おもに大和絵を収蔵している。
ヒント 「大和魂」「大和時代」も同じ読み。

23 外の景色をながめる。

24 選手にファンが群がった。

ONE Point

漢字の特別な読み方

常用漢字表の音訓には、特別なものや、用法のごく狭いものがあり、本書ではそれらと「付表」の語を「特別な読み」として扱っています。

特別な読み　練習 2

実施日

解答は別冊P.5

1 次の――線の読みをひらがなで、（　）の中に記せ。

1 友人への土産を選ぶ。（　）
2 大海原に船をこぎ出した。（　）
3 黙々と真面目に練習に励む。（　）
4 油断して風邪をひいてしまった。（　）
5 最寄りの郵便局はどこですか。（　）
6 なべ奉行が場を仕切る。（　）
7 勝敗の行方を見守る。（　）
8 難 「早乙女」を季語に俳句を作る。（　）
9 古い町並みの街道を歩く。（　）
10 金色に色づいた稲穂が美しい。（　）

11 代金を為替で支払った。（　）
12 波止場に荷物が下ろされる。（　）
13 定年後は田舎で暮らす。（　）
14 工夫を凝らしたショーだった。（　）
15 行楽には最適の日和だ。（　）
16 注 意気地なしと自分を責める。（　）
17 文楽は三味線を伴奏とする。（　）
18 妹が発熱で小児科にかかった。（　）
19 紙吹雪の中を入場する。（　）
20 彼女はクラスの人気者だ。（　）
21 個人情報は一切教えられません。（　）
22 タンゴの拍子は四分の二だ。（　）
23 注 えりすぐった反物を扱う店だ。（　）
24 難 苗代に水を入れる。（　）
25 春先には雪崩が多くなる。（　）

難 26 船頭さんが舟歌を歌ってくれた。（　　）

27 信仰の自由が守られる。（　　）

28 出掛ける支度ができました。（　　）

難 29 連休を前に気持ちが浮つく。（　　）

30 天井にかかったクモの巣を払う。（　　）

31 内弟子が師匠の世話をする。（　　）

32 節約で財布のひもを締める。（　　）

33 着物に足袋で踊る。（　　）

34 手のひらの静脈で本人確認を行う。（　　）

35 厳しい修行を積む。（　　）

36 経理の不正が暴露される。（　　）

37 いつまでも名残を惜しむ。（　　）

38 このままでは納得がいかない。（　　）

39 煮えた小豆をすりつぶした。（　　）

難 40 再開発のために部屋を立ち退く。（　・　）

41 木綿のハンカチを取り出す。（　　）

42 リング上で仁王立ちになる。（　　）

43 庭に砂利を敷き詰めた。（　　）

44 二十歳のころの日記を読む。（　　）

45 田んぼで早苗が順調に育つ。（　　）

難 46 きちんと出納帳をつける。（　　）

47 目立ち始めた白髪を気にする。（　　）

48 真紅の旗がひるがえる。（　　）

49 外出の前に不精ひげをそった。（　　）

注 50 大使は参内の機会を待っていた。（　　）

ONE Point

「眼鏡」をばらせる職人はいない!?

熟字訓は、読みを一字一字の音訓として分けられません。「め＋がね」「めが＋ね」と切り離しては読めないのです。

同字の音訓 ウォーミングアップ

実施日

解答は別冊P.5

1 次の漢字の**音読み**と**訓読み**を、それぞれ後の音と訓の中から選び（　）と［　］の中に記せ。

1 鐘　音（　　）訓［　　］
2 谷　音（　　）訓［　　］
3 肝　音（　　）訓［　　］
4 銭　音（　　）訓［　　］
5 墨　音（　　）訓［　　］
6 辛　音（　　）訓［　　］

音：カン　コク　ショウ　シン　セン　ボク

訓：かね　から-い　きも　すみ　ぜに　たに

2 次の漢字は読み方が変わると意味が異なる漢字である。その読み方を**ひらがな**で記せ。

1 大勢の人が集まる。（　　）
2 彼が抜けても大勢に影響はない。（　　）
3 魚市場でカツオが水揚げされた。（　　）
4 株式市場は低迷が続いている。（　　）
5 気温の変化を調べる。（　　）
6 妖怪《ようかい》変化が登場する映画だ。（　　）
7 会場の熱気は最高潮に達した。（　　）
8 高潮注意報が発令された。（　　）
9 姉はとても上手に字を書く。（　　）
10 君のほうが一枚上手だ。（　　）
11 人事異動で転勤した。（　　）
12 この事件は人事とは思えない。（　　）

3

次の漢字の**音読み**と**訓読み**を□の中に書き入れ、ことばの読みを完成させよ。

己
- 1 知己　ち□
- 2 己　□□□

賢
- 3 賢明　□□めい
- 4 賢い　□□□い

極
- 5 極秘　□□ひ
- 6 極み　□□み

笑
- 7 微笑　び□□□
- 8 笑む　□む

授
- 9 授受　□□じゅ
- 10 授かる　□□かる

盛
- 11 盛大　□□だい
- 12 盛る　□る

結
- 13 結論　□□ろん
- 14 結う　□う

初
- 15 当初　とう□□
- 16 初める　□める

請
- 17 請求　□□きゅう
- 18 請ける　□ける

ONE Point

中国の発音をまねたのが音、では訓は?

漢字の訓は、漢字の持つ意味と、日本古来の言葉とが関連づけられた読み方です。

同字の音訓 練習 1

実施日

解答は別冊P.6

1 次の――線の読みをひらがなで、（　）の中に記せ。

1 首相が福祉施設を慰問する。（　）
意味 （恵まれない環境の人などを）訪問して見舞うこと。

2 失意の友を慰める。（　）

3 役職を兼任している。（　）

4 大は小を兼ねる。（　）

5 ドラマの撮影所を見学する。（　）

6 みんなで記念写真を撮る。（　）

7 突発的な出来事だ。（　）

8 相手の意表を突いた攻撃だ。（　）
意味 「意表を突く」＝相手の予期しないことをする。

9 球の飛距離を測定する。（　）

10 船が港を離れていく。（　）

11 水質汚濁の防止に努める。（　）
ヒント 「濁」を音で読む熟語には「濁流」「濁点」などがある。

12 物を見る目を濁らせるな。（　）

13 裸体画を鑑賞する。（　）

14 裸一貫で出直す。（　）
意味 「裸一貫」＝自分の体以外には資本を持たないこと。

15 不良品を交換する。（　）

16 商品は予約券と引き換えです。（　）

17 不屈の闘魂を見せる。（　）

18 この一球に魂を込める。（　）

19 擦過傷で済みました。（　）
意味 かすりきず。

20 人混みを擦り抜けてきた。（　）

21 サークルに勧誘する。

22 友人をライブに誘った。

23 光背にある銘文《めいぶん》を研究する。

意味 仏像の背面に光明をかたどって作られた飾り。

24 それは信頼に背く行為です。

25 歓迎会の幹事を任された。

26 数名の新入社員を迎える。

27 三人よれば文殊の知恵。

28 恵みの雨に感謝する。

29 金の含有量を調べる。

30 水を口に含んでから薬を飲む。

31 不要なデータを削除した。

32 余計な修飾語を削る。

33 刑事が犯人と接触した。

34 手で触って紙質を確かめる。

ヒント 「触」の訓は「ふ-れる」ともう一つ。

35 コンピュータを駆使する。

36 馬で荒野を駆け抜ける。

37 詳細は追って連絡します。

38 詳しい話を本人に聞く。

39 新鮮な感性で描かれた絵だ。

40 鮮やかな手並みを示す。

ONE Point

熟語の読みの少数派① 「重箱読《ジュウばこ》み」

「縁組《エンぐみ》」「素足《スあし》」「台所《ダイどころ》」などのように、上の字を音読みし、下の字は訓読みする読み方を「重箱読み」といいます。

同字の音訓 練習 1

実施日 ／

解答は別冊P.6

2 次の——線の読みをひらがなで、（　）の中に記せ。

1 父は単身で海外に赴任した。（　）

2 現地に赴く必要がある。（　）
意味 ある場所に向かって行くこと。

3 この童話は不朽の名作だ。（　）
意味 後世まで価値がなくならずに残ること。

4 古い柱が朽ちる。（　）
意味 木などが腐って形が崩れること。

5 頂上までは険しい道のりだ。（　）

6 山の頂に雲がかかる。（　）

7 臨時ニュースが報じられた。（　）

8 不正には厳しい態度で臨む。（　）

9 著名な評論家が話す。（　）

10 著しい成果を上げる。（　）
意味 程度がはなはだしいこと。

11 演説で気炎をあげた。（　）
意味 「気炎をあげる」＝威勢がいいことを言う。

12 恋の炎が燃え上がる。（　）

13 とんだ災難だった。（　）

14 口は災いのもとという。（　）

15 都市部の人口が膨張する。（　）

16 桜のつぼみが膨らむ。（　）

17 動作の機敏な選手だ。（　）

18 祖母は手機を扱える。（　）
意味 手足で動かす織機のこと。

19 湿度が高くて不快だ。（　）

20 どうにも気持ちが湿っぽい。（　）
意味 ここでは「気がふさぐ」の意。

21 資料の脱漏には注意する。
意味 あるべきものが抜け落ちること。

22 秘密が外部に漏れる。

23 殊勝な心掛けだ。
意味 けなげで感心なこと。

24 殊のほか元気だった。
意味 「殊のほか」＝思いのほか、案外。

25 聴講生として大学に通う。

26 お気に入りの音楽を聴く。

27 極彩色の壁画が目を引く。
意味 とても緻密《ちみつ》で豊かないろどり。また派手でけばけばしいいろどりの意味もある。

28 つかの間の栄華を極める。

29 師を敬慕してやまない。

30 生徒が先生を慕う。

31 同業の企業で過当競争になる。

32 銀盤上で技を競い合う。

33 レポートを提出する。

34 荷物を手提げ袋に入れる。

35 コーチが選手に伴走する。

36 成功には苦痛が伴うものだ。

37 焦燥の色が見てとれる。
意味 あせっていらいらすること。

38 目玉焼きが焦げてしまった。

39 露骨な表現を避けて書く。

40 露ほども知りませんでした。
意味 この「露」は副詞で、後に打ち消しの語がついて「少しも」の意。

ONE Point

熟語の読みの少数派② 「湯桶《ゆトウ》読み」

「手本《てホン》」「強味《つよミ》」「湯気《ゆゲ》」などのように、上の字を訓読みし、下の字は音読みする読み方を「湯桶読み」といいます。

同字の音訓 練習2

実施日

解答は別冊P.6

1 次の――線の読みをひらがなで、（　）の中に記せ。

1 潤沢な資源に恵まれた国だ。（　）
難 2 かわいたのどを潤す。（　）
3 『十五少年漂流記』を読む。（　）
4 甘い香りが漂ってきた。（　）
5 会談は決裂した。（　）
6 絹を切り裂くような叫び声だ。（　）
7 悔恨の情を覚えた。（　）
8 落選した悔しさは忘れまい。（　）
9 歴史に埋没していた偉人だ。（　）
10 タイムカプセルを埋める。（　）
難 11 インフレを抑制する。（　）
12 出費をできるだけ抑えたい。（　）
13 外交関係の緊張が緩和した。（　）
難 14 緩い坂道を上っていく。（　）
15 専門家からなる諮問機関にかける。（　）
16 審議委員会に諮る。（　）
17 降格処分を覚悟した。（　）
18 表情から母の本心を悟る。（　）
難 19 惜別の情を禁じえない。（　）
20 惜しくも逆転負けした。（　）
21 気体を凝縮し液化する。（　）
22 息を凝らして隠れていた。（　）
23 雇用の促進が議題に上がる。（　）
24 従業員を雇い入れる。（　）

25 有望な新人の争奪戦が始まった。
26 優勝旗を奪い返した。
27 怠慢な仕事ぶりに迷惑する。
28 つい怠け心が出てしまう。
29 憂慮すべき事態となった。
30 姉は憂いを含んだ表情だった。
31 大会を自治体と共催する。
32 授業中に眠気を催す。
33 コンテストに応募する。
34 日増しに寂しさが募る。
注
35 新聞に写真が掲載された。
36 競技場に大会旗を掲げる。
37 事件の知らせに動揺する。
38 体を揺すって起こす。

39 軍事的な脅威を警戒する。
40 脅し文句には屈しない。
難
41 耐乏生活が続いた。
42 経験は乏しいが有能な選手だ。
難
43 某国では内紛が続いている。
44 多忙に紛れて約束を忘れた。
45 粘着力の強いテープを使う。
46 粘り強く説得を続けた。
難
47 携帯電話の番号を聞く。
48 雑誌の編集に携わる。

ONE Point

音でも訓でも読めるけど…①

「見物《ケンブツ》《みもの》」「大家《タイカ》《おおや》」などのように、音で読むか訓で読むかで意味が違ってくる熟語があるので、文脈に注意しましょう。

同字の音訓 練習 2

実施日 ／

解答は別冊P.7

2 次の――線の読みをひらがなで、（　）の中に記せ。

1 個性的な企画が求められた。（　）
2 新しい事業を企てている。（　）（難）
3 痛恨のエラーに天を仰ぐ。（　）
4 恨みがましい発言だ。（　）
5 祖父は晩年を安穏に暮らした。（　）（注）
6 今日は波が穏やかだ。（　）
7 実施までに準備期間をおく。（　）
8 手厚い看護を施す。（　）
9 景気回復の促進に努める。（　）
10 看板で注意を促す。（　）

11 顧問として企業に関わる。（　）
12 家庭を顧みる暇が欲しい。（　）
13 政権は崩壊寸前だ。（　）
14 当初のもくろみが崩れる。（　）
15 これ以上は譲歩できません。（　）
16 譲り合いの精神を持とう。（　）
17 彼の主張は一貫している。（　）
18 矢は的を見事に貫いた。（　）
19 不滅の大記録を打ち立てる。（　）
20 過ぎた野心は身を滅ぼす。（　）
21 選手の士気が高揚する。（　）
22 揚げたてのコロッケを買う。（　）
23 営繕関係の仕事に就く。（　）（難）
24 身なりを繕って出かける。（　）

25 会費を滞納している。

難 26 式は滞りなく進行した。

27 十分間隔で列車が着く。

28 通りを隔てて向かい合う。

29 出場選手を激励した。

30 応援が一番の励みになる。

31 遭難事故の記事を目にした。

32 雨に遭ってぬれてしまった。

33 強引な手法が非難される。

難 34 参加を強いるのはよくない。

35 夫婦で哀歓を共にする。

36 捨てネコを哀れむ。

注 37 傷口に薬を塗布する。

38 粘土細工にニスを塗る。

39 飛行機が滑走路に入った。

40 雪道で足が滑ってしまった。

41 愚にもつかぬ考えだ。

42 愚かにも目先の利益を追った。

注 43 目的を完遂することができた。

44 街は急速な発展を遂げた。

45 雪山で凍傷になってしまった。

46 凍えて指が動かない。

47 研究に沈潜する毎日です。

難 48 犯人は地下に潜ったらしい。

ONE Point

音でも訓でも読めるけど…②

「弱音《ジャクオン》《よわね》」「背筋《ハイキン》《せすじ》」などのように、音で読むか訓で読むかで意味が違ってくる熟語があるので、文脈に注意しましょう。

漢検 おもしろゼミ 02

「力」を入れて「募集」する？

人を「つのる」には「力」がいる！

多くの企業やサークルでは「人」が組織を支えています。そのため、常に有能な人材を「募集」する必要があります。ところで、この「募集」の「募」は「つの-る」とも読みますが、では、部首は何でしょうか。

「募」の部首と思われるものには「艹」、「日」、「力」がありますが、実は、いちばん下にある「力」が「募」の部首なのです。

有能な人材を募集するには多くの労力を必要とします。「募」の部首は〝人を「つのる」には「力」がいる〟と覚えておくとよいでしょう。

「部首」って何？

では、「部首」とは何でしょうか。「部首」とは、漢字をその意味や字画構成のうえから分類・配列し、あるひとまとまり（部）としてとらえたときの、それらの漢字に共通する基本的な構成部分のことをいいます。

「募」の部首である「力」は、「ちから」という部首名で、筋肉を盛り上げて力を入れた手を描いた象形文字です。この部首の漢字には、基本的に「力を込める」という意味があり、「募」は「莫（音符）＋力（意符）」から成り立つ漢字で、「ないものを、あるようにしようと力を尽くす」意味を持っています。ほかに「功・勝・務・労」なども、同じ「力」を部首とする漢字です。

間違えやすい部首の漢字

丶	ノ	人	入	ハ	冫	几	凵	刀	刂	力	匕	㔾	厶	又
てん	の はらいぼう	ひと	いる	は	にすい	つくえ	うけばこ	かたな	りっとう	ちから	ひ	わりふ ふしづくり	む	また
主丹	乗久	以	内全	具	冬	処凡	出	分初	前利則	勝功労務募	化	巻	去	取反及

口	土	士	夕	大	子	寸	尸	巛	巾	干	幺	心
くち	つち	さむらい	た ゆうべ	だい	こ	すん	かばね しかばね	かわ	はば	かん いちじゅう	よう いとがしら	こころ
合同命問和喜周句唐	堂墓圧垂墨	売壱	夜夢	天夫奮奈	学字季孝	寺将	局	巡	席常幕	幸幹	幽	愛応憲恥慮憂

このように、部首は字の形だけでなく、成り立ちを重視して分類されることが多々あります。

「部」や「部首」は漢字の研究者が整理の都合で定めたものであり、その選び方や分類の仕方はさまざまです。いくつの部首に分類するかは時代や考え方によって異なり、中国・後漢時代の『説文解字《せつもんかいじ》』は五四〇部ですが、清代《しんだい》の『康熙字典《こうきじてん》』は二一四部です。今日の日本の漢和辞典の大部分は、この『康熙字典』の部立てによっており、漢検でも部首分類は基本的に『康熙字典』に従っています。辞典によって部首の分類や部首名が異なる場合がありますが、これはどれが正しく、どれが誤っているということではなく、編者の考え方の違いによるものです。ただし「日本漢字能力検定」に限っては、漢検の定める部首で解答してください。

部首一覧

部首を画数順に並べ、その下に漢字の中で占める位置によって形が変化するもの、特別な部首名のものを分類しています。

偏《へん》…　旁《つくり》…　冠《かんむり》…　脚《あし》…　垂《たれ》…　繞《にょう》…　構《かまえ》…

	部首	位置	名称
一画			
1	【一】一		いち
2	【丨】丨		ぼう たてぼう
3	【丶】丶		てん
4	【丿】丿		の はらいぼう
5	【乙】乙		おつ
5	【乙】乚	旁	おつ
6	【亅】亅		はねぼう
二画			
7	【二】二		に
8	【亠】亠	冠	なべぶた けいさんかんむり
9	【人】人		ひと
	亻	偏	にんべん
9	【人】𠆢	冠	ひとやね
10	【入】入		いる
11	【儿】儿		ひとあし にんにょう
12	【八】八		はち
	ハ	冠	は
13	【冂】冂	構	どうがまえ けいがまえ まきがまえ
14	【冖】冖	冠	わかんむり

部首	名称	漢字
⺗	したごころ	慕
手	て	挙撃
攵	のぶん ぼくづくり	放敗攻
斗	とます	料
日	ひ	昼暮旬暦
木	き	栄案条
欠	あくび かける	次
止	とめる	歴
歹	かばねへん いちたへん がつへん	死
氵	さんずい	準
火	ひ	炭灰
牛	うしへん	牧
玄	げん	率
田	た	男画畑申 由甲
疋	ひき	疑
目	め	直真相
禾	のぎへん	穀
立	たつ	章
耳	みみ	聞聖
肉	にく	育胃背能 肩膚腐
至	いたる	致
臼	うす	興
舌	した	舎舗
艹	くさかんむり	蒸
衣	ころも	裁
見	みる	覚視
言	げん	誉
豕	ぶた いのこ	豚
貝	かい こがい	買賞
赤	あか	赦
車	くるま	軍載
辛	からい	辞
酉	ひよみのとり	酒
里	さと	重量
隹	ふるとり	集雇隻
頁	おおがい	項
食	しょく	養
鳥	とり	鳴
黒	くろ	黙

番号	部首	字形	名前
15	【冫】	冫	にすい
16	【几】	几	つくえ
17	【凵】	凵	うけばこ
18	【刀】	刀	かたな
		刂	りっとう
19	【力】	力	ちから
20	【勹】	勹	つつみがまえ
21	【匕】	匕	ひ
22	【匚】	匚	はこがまえ
23	【匸】	匸	かくしがまえ
24	【十】	十	じゅう
25	【卜】	卜	と うらない
26	【卩】	卩	わりふ ふしづくり
		㔾	わりふ ふしづくり
27	【厂】	厂	がんだれ
28	【厶】	厶	む
29	【又】	又	また
三画			
30	【口】	口	くち
		口	くちへん
31	【囗】	囗	くにがまえ
32	【土】	土	つち
		土	つちへん
33	【士】	士	さむらい
34	【夂】	夂	すいにょう ふゆがしら
35	【夕】	夕	た ゆうべ
36	【大】	大	だい
37	【女】	女	おんな
		女	おんなへん
38	【子】	子	こ
		子	こへん
39	【宀】	宀	うかんむり
40	【寸】	寸	すん
41	【小】	小	しょう
		⺌	しょう
42	【尢】	尢	だいのまげあし
43	【尸】	尸	かばね しかばね
44	【屮】	屮	てつ
45	【山】	山	やま
		山	やまへん
46	【川】	川	かわ
		巛	かわ
47	【工】	工	え たくみ
		工	たくみへん
48	【己】	己	おのれ
49	【巾】	巾	はば
49	【巾】	巾	はばへん きんべん
50	【干】	干	かん いちじゅう
51	【幺】	幺	よう いとがしら
52	【广】	广	まだれ
53	【廴】	廴	えんにょう
54	【廾】	廾	こまぬき にじゅうあし
55	【弋】	弋	しきがまえ
56	【弓】	弓	ゆみ
		弓	ゆみへん
57	【彐】	彑	けいがしら
58	【彡】	彡	さんづくり
59	【彳】	彳	ぎょうにんべん
60	【⺍】	⺍	つかんむり
忄↓心 扌↓手 氵↓水 犭↓犬 艹↓艸 辶↓辵 阝(右)↓邑 阝(左)↓阜			
四画			
61	【心】	心	こころ
		忄	りっしんべん
		⺗	したごころ
62	【戈】	戈	ほこ ほこづくり ほこがまえ
63	【戸】	戸	と
		戸	とだれ とかんむり
64	【手】	手	て

数字の部首は何?

漢字	部首(部首名)	同じ部首の漢字
一・三・七	一 いち	下・上・不・世・丈 など
二・五	二 に	互・井 など
四	囗 くにがまえ	因・回・固・国 など
六	八 は	具・兵・共・典
八	八 はち	兼・公
九	乙 おつ	乾・乙 など
十	十 じゅう	千・半・卒・南 など

部首の意味の例

偏(へん)

部首(部首名)	意味
冫 にすい	氷の表面の筋目の形・冷たい
巾 はばへん きんべん	垂れた布のきれ
忄 りっしんべん	心の動きや働き
氵 さんずい	水が流れる様子
禾 のぎへん	イネや穀物
貝 かいへん	お金や財産

旁(つくり)

部首(部首名)	意味
刂 りっとう	刀やその働き
彡 さんづくり	美しい模様や飾り

番号	部首	字形	位置	名称
64	【手】	扌	◧	てへん
65	【支】	支		し
66	【攴】	攵	◨	のぶん／ぼくづくり
67	【文】	文		ぶん
68	【斗】	斗		とます
69	【斤】	斤		きん
		斤	◨	おのづくり
70	【方】	方		ほう
		方	◧	ほうへん／かたへん
71	【日】	日		ひ
		日	◧	ひへん
72	【曰】	曰		ひらび／いわく
73	【月】	月		つき
		月	◧	つきへん
74	【木】	木		き
		木	◧	きへん
75	【欠】	欠		あくび／かける
76	【止】	止		とめる
77	【歹】	歹	◧	かばねへん／いちたへん／がつへん
78	【殳】	殳	◨	るまた／ほこづくり
79	【毋】	母		なかれ
80	【比】	比		ならびひ／くらべる
81	【毛】	毛		け
82	【氏】	氏		うじ
83	【气】	气	◳	きがまえ
84	【水】	水		みず
		氵	◧	さんずい
		氺	⬓	したみず
85	【火】	火		ひ
		火	◧	ひへん
		灬	⬓	れんが／れっか
86	【爪】	爪		つめ
		爫	⬒	つめかんむり／つめがしら
87	【父】	父		ちち
88	【片】	片		かた
		片	◧	かたへん
89	【牙】	牙		きば
90	【牛】	牛		うし
		牜	◧	うしへん
91	【犬】	犬		いぬ
		犭	◧	けものへん

王・𤣩→玉　礻→示
耂→老　⻌→辵

五画

番号	部首	字形	位置	名称
92	【玄】	玄		げん
93	【玉】	玉		たま
93	【玉】	王		おう
		𤣩	◧	おうへん／たまへん
94	【瓦】	瓦		かわら
95	【甘】	甘		かん／あまい
96	【生】	生		うまれる
97	【用】	用		もちいる
98	【田】	田		た
		田	◧	たへん
99	【疋】	疋		ひき
		𤴔	◧	ひきへん
100	【疒】	疒	◰	やまいだれ
101	【癶】	癶	⬒	はつがしら
102	【白】	白		しろ
103	【皮】	皮		けがわ
104	【皿】	皿		さら
105	【目】	目		め
		目	◧	めへん
106	【矛】	矛		ほこ
107	【矢】	矢		や
		矢	◧	やへん
108	【旡】	旡		ぶなし／すでのつくり
109	【石】	石		いし
		石	◧	いしへん

部首	名称	意味
殳	るまた／ほこづくり	人を殴る・打つ
頁	おおがい	人の姿や人の頭

冠（かんむり） ⬒

部首	名称	意味
宀	うかんむり	家や屋根・覆う
耂	おいかんむり／おいがしら	つえを突いた年寄り
雨	あめかんむり	雨や雨降りの様子

脚（あし） ⬓

部首	名称	意味
灬	れんが／れっか	火・燃え上がる炎
⺗	したごころ	心の動きや働き

垂（たれ） ◰

部首	名称	意味
厂	がんだれ	切り立ったがけ
广	まだれ	屋根・建物

繞（にょう） ◺

部首	名称	意味
⻌	しんにょう／しんにゅう	歩く・進む
廴	えんにょう	道を行く

構（かまえ） ⊡ ◫

部首	名称	意味
囗	くにがまえ	周りを囲んだ形
行	ぎょうがまえ／ゆきがまえ	歩く・道を行く

番号	部首	形	名前
110	【示】	示	しめす
		ネ	しめすへん
111	【禾】	禾	のぎ
		禾	のぎへん
112	【穴】	穴	あな
		穴	あなかんむり
113	【立】	立	たつ
		立	たつへん

氺→水　罒→网　衤→衣

六画

番号	部首	形	名前
114	【竹】	竹	たけ
		⺮	たけかんむり
115	【米】	米	こめ
		米	こめへん
116	【糸】	糸	いと
		糸	いとへん
117	【缶】	缶	ほとぎ
118	【网】	罒	あみがしら あみめ よこめ
119	【羊】	羊	ひつじ
120	【羽】	羽	はね
121	【老】	耂	おいかんむり おいがしら
122	【而】	而	しかして しこうして
123	【耒】	耒	すきへん らいすき
124	【耳】	耳	みみ
		耳	みみへん
125	【聿】	聿	ふでづくり
126	【肉】	肉	にく
		月	にくづき
127	【自】	自	みずから
128	【至】	至	いたる
129	【臼】	臼	うす
130	【舌】	舌	した
131	【舟】	舟	ふね
		舟	ふねへん
132	【艮】	艮	ねづくり こんづくり
133	【色】	色	いろ
134	【艸】	艹	くさかんむり
135	【虍】	虍	とらがしら とらかんむり
136	【虫】	虫	むし
		虫	むしへん
137	【血】	血	ち
138	【行】	行	ぎょう
		行	ぎょうがまえ ゆきがまえ
139	【衣】	衣	ころも
		衤	ころもへん
140	【襾】	西	にし
		覀	おおいかんむり

七画

番号	部首	形	名前
141	【見】	見	みる
142	【臣】	臣	しん
143	【角】	角	つの かく
		角	つのへん
144	【言】	言	げん
		言	ごんべん
145	【谷】	谷	たに
146	【豆】	豆	まめ
147	【豕】	豕	いのこ ぶた
148	【豸】	豸	むじなへん
149	【貝】	貝	かい こがい
		貝	かいへん
150	【赤】	赤	あか
151	【走】	走	はしる
		走	そうにょう
152	【足】	足	あし
		𧾷	あしへん
153	【身】	身	み
154	【車】	車	くるま
		車	くるまへん
155	【辛】	辛	からい

■まぎらわしい部首

①「阝(おおざと)」と「阝(こざとへん)」

●阝(おおざと)　…郭・郊・邪・邦など
もとは「邑(むら)」で、人が住む場所を表し、「おおざと」は「大きな村里」を意味しています。「阝」は「邑」が旁《つくり》になったときの省略された形です。

●阝(こざとへん)…隔・随・陪・陵など
もとは「阜(おか)」で、土を積み重ねた高い土地という意味を表しました。「阝」は「阜」が偏《へん》になったときの省略された形で、「おおざと」に対して「こざとへん」といわれます。

②位置によって形や呼び名が変わるもの

部首	形	名前	例
人	亻	にんべん	倹・催・伸　など
	𠆢	ひとやね	企・介・今　など
心	忄	りっしんべん	怪・悔・悟　など
	㣺	したごころ	慕
手	手	て	掌・承・撃　など
	扌	てへん	揚・擁・抑　など
水	水	みず	水・求・氷　など
	氵	さんずい	滑・潤・潜　など
火	火	ひへん	炊・炉・爆　など
	灬	れんが・れっか	焦・為・然　など
示	示	しめす	祭・票・禁　など
	礻	しめすへん	祉・祖・祈　など
衣	衣	ころも	衰・袋・裂　など
	衤	ころもへん	裸・被・補　など

番号	部首	字形	名称
156	【辰】	辰	しんのたつ
157	【辵】	辶	しんにょう しんにゅう
		⻌	しんにょう しんにゅう
158	【邑】	阝	おおざと
159	【酉】	酉	ひよみのとり
		酉	とりへん
160	【釆】	釆	のごめ
		釆	のごめへん
161	【里】	里	さと
		里	さとへん
162	【舛】	舛	まいあし
163	【麦】	麦	むぎ
		麦	ばくにょう
八画			
164	【金】	金	かね
		釒	かねへん
165	【長】	長	ながい
166	【門】	門	もん
		門	もんがまえ
167	【阜】	阜	おか
		阝	こざとへん
168	【隶】	隶	れいづくり
169	【隹】	隹	ふるとり
170	【雨】	雨	あめ
		⻗	あめかんむり
171	【青】	青	あお
172	【非】	非	あらず ひ
173	【斉】	斉	せい
九画			
174	【面】	面	めん
175	【革】	革	かくのかわ つくりがわ
		革	かわへん
176	【音】	音	おと
177	【頁】	頁	おおがい
178	【風】	風	かぜ
179	【飛】	飛	とぶ
180	【食】	食	しょく
		𩙿	しょくへん
		飠	しょくへん
181	【首】	首	くび
182	【香】	香	か かおり
十画			
183	【馬】	馬	うま
		馬	うまへん
184	【骨】	骨	ほね
		骨	ほねへん
185	【高】	高	たかい
186	【髟】	髟	かみがしら
187	【鬯】	鬯	ちょう
188	【鬼】	鬼	おに
		鬼	きにょう
189	【韋】	韋	なめしがわ
190	【竜】	竜	りゅう
十一画			
191	【魚】	魚	うお
		魚	うおへん
192	【鳥】	鳥	とり
193	【鹿】	鹿	しか
194	【麻】	麻	あさ
195	【黄】	黄	き
196	【黒】	黒	くろ
197	【亀】	亀	かめ
十二画			
198	【歯】	歯	は
		歯	はへん
十三画			
199	【鼓】	鼓	つづみ
十四画			
200	【鼻】	鼻	はな

※注　常用漢字表では、「⻍」は「遡・遜」、「𩙿」は「餌・餅」のみに適用。

「月」の部首について

「月」の形の成り立ちには、次の三つの系統があります。

①つき「月」…細い月の形を描いた象形文字時に関係する字に多く見られます。

⇒月・有・朝・朗・望・期　の六字

②つきへん「⺝」…「舟」が変形したもの「ふなづき」と呼ばれていましたが、現在は「つきへん」と呼ばれています。

⇒服・朕(準2級配当漢字)の二字

③にくづき「⺼」…「肉」が変形したもの「にく」のみ「肉」と書きますが、ほかの字と組み合わさると「月」の形になり、人体に関する漢字に添えられています。

⇒肝・胎・胞・膜　など

本来は、形もそれぞれ違っていましたが、「常用漢字表」では、これらの字形の区別をせずに、全て「月」とされています。

漢検では、「肉」が偏となった「にくづき」の漢字は「月」の部ですが、偏ではない部分で扱われる字は「肉」の部に分類しています。

● 部首「肉」の漢字(3級以下のもの)

脅・肩・腐・膚・胃・背・能・育・肉

ウォーミングアップ

実施日 ／

解答は別冊P.7

1 次の漢字群の**部首**を（　）に記せ。

（例）海・泳・池・波　（氵）

1 詠・託・諾・訂　（　）
2 怪・恨・憎・慌　（　）
3 炉・煙・燥・爆　（　）
4 疾・疲・痘・療　（　）
5 導・寺・尋・将　（　）
6 県・省・盾・直　（　）
7 申・界・留・番　（　）
8 育・背・肉・能　（　）

2 次に示された漢字の**部首が合っていれば**○、まちがっていれば**正しい部首**を記せ。

（例）語 → 言　（○）

1 命 → 人　（　）
2 真 → 目　（　）
3 買 → 罒　（　）
4 忌 → 己　（　）
5 崩 → 山　（　）
6 奥 → 大　（　）
7 玄 → 幺　（　）
8 苗 → 田　（　）
9 某 → 甘　（　）
10 天 → 大　（　）

3 次のひらがなで示された**部首名を持つ漢字**を**ア〜エ**から選び、（　）の中にその**記号**を記せ。

(例) さんずい［ア冷　イ池　ウ形　エ営］（イ）

□ 1 む［ア参　イ台　ウ弁　エ公］（　）
□ 2 てん［ア凡　イ丸　ウ良　エ以］（　）
□ 3 の はらいぼう［ア毛　イ系　ウ千　エ久］（　）
□ 4 まだれ［ア廉　イ魔　ウ腐　エ応］（　）
□ 5 がんだれ［ア圧　イ灰　ウ厚　エ反］（　）
□ 6 ひとやね［ア食　イ介　ウ金　エ全］（　）
□ 7 しん［ア堅　イ覧　ウ臨　エ緊］（　）
□ 8 じゅう［ア直　イ章　ウ古　エ午］（　）
□ 9 つち［ア墜　イ走　ウ幸　エ赤］（　）
□ 10 くち［ア足　イ知　ウ哲　エ兄］（　）
□ 11 たつ［ア意　イ競　ウ翌　エ音］（　）
□ 12 うかんむり［ア憲　イ案　ウ字　エ寂］（　）
□ 13 つかんむり［ア単　イ覚　ウ学　エ栄］（　）
□ 14 すいにょう ふゆがしら［ア各　イ麦　ウ夏　エ愛］（　）
□ 15 れんが れっか［ア魚　イ蒸　ウ鳥　エ為］（　）
□ 16 に［ア元　イ互　ウ夫　エ示］（　）
□ 17 うけばこ［ア幽　イ画　ウ凶　エ歯］（　）
□ 18 ひ［ア晶　イ者　ウ香　エ量］（　）
□ 19 つき［ア青　イ有　ウ肩　エ前］（　）
□ 20 た［ア思　イ甲　ウ胃　エ奮］（　）
□ 21 さと［ア重　イ童　ウ動　エ黒］（　）
□ 22 さむらい［ア吉　イ志　ウ壱　エ喜］（　）

ONE Point

漢字を整理するために部首がある

部首は便宜《べんぎ》的に考え出された漢字の分類方法です。「漢検」では『漢検要覧 2〜10級対応』に示す部首分類によります。

練習 1

実施日

解答は別冊P.7

1 次の漢字群のうち、一つだけ部首が**異なるもの**がある。その**漢字を選んで**（　）に書き、さらにその**部首**を［　］に記せ。

（例）宴・寝・字・宇・審　（漢字 字）［部首 子］

1 冬・次・凝・凍・冷　（　）［　］

2 腰・脈・肪・豚・脱　（　）［　］

ヒント 「月(にくづき)」は、「身体・肉」に関係する意味を持つ部首。

3 唐・広・康・廊・府　（　）［　］

4 菊・落・蔵・菓・墓　（　）［　］

5 湖・酒・濃・泌・汽　（　）［　］

6 先・兆・売・児・党　（　）［　］

ヒント 部首「儿(ひとあし)」に入らない漢字。

7 神・福・祝・祈・視　（　）［　］

ヒント 「ネ(しめすへん)」は、「神」に関係する意味を持つ部首。

8 相・概・柄・札・標　（　）［　］

9 春・星・旧・昇・香　（　）［　］

10 財・贈・貯・則・販　（　）［　］

ヒント 「貝(かいへん)」は、「財宝・貨幣《かへい》」に関係する意味を持つ部首。

11 乗・業・査・桑・来　（　）［　］

ヒント 部首「木(き)」に入らない漢字。

12 遂・逮・迷・巡・返　（　）［　］

13 秋・移・積・税・利　（　）［　］

14 料・粉・糖・粗・粘　（　）［　］

15 席・底・床・庫・度　（　）［　］

16 専・耐・射・対・封　（　）［　］

17 旗・放・族・施・旅　（　）［　］

18 私・程・称・和・秒　（　）［　］

19 会・今・倉・余・合　（　）［　］

ヒント 部首「𠆢(ひとやね)」に入らない漢字。

20 裸・補・初・被・複　（　）［　］

2 次のひらがなで示された**部首名を持つ漢字**を□の中から**五つずつ選び**、(　)に記せ。ただし、**1**～**5**はA群、**6**～**10**はB群の□の中から選ぶこと。

☐ **1** しろ　(　　)

☐ **2** かん・いちじゅう　(　　)

☐ **3** ほこづくり・ほこがまえ　(　　)

☐ **4** かばね・しかばね　(　　)

ヒント 「垂(たれ)」に分類される部首。

☐ **5** もんがまえ　(　　)

A群

成	百	刊	裁	層	泉	尽	開	昼	戒
閣	屋	閲	的	届	平	幸	我	聞	幹
年	戯	皆	関	戦	干	白	闘	皇	屈

☐ **6** のぶん・ぼくづくり　(　　)

☐ **7** うしへん　(　　)

☐ **8** じゅう　(　　)

ヒント 数字の「十」を部首の形にしている。

☐ **9** また　(　　)

☐ **10** わりふ・ふしづくり　(　　)

B群

牧	準	物	印	数	皮	卸	敗	卒	牲
友	改	千	南	卵	収	特	及	攻	致
半	受	赤	即	犠	支	却	敵	協	又

ONE Point

同じ形の部首でもどこに位置するかによって呼び名が変わる！①

型・基→「つち」
地・城→「つちへん」

軍・輝→「くるま」
輪・較→「くるまへん」

練習 1

実施日

解答は別冊P.8

3 次の漢字の**部首**をア〜エから選び、（　）の中にその**記号**を記せ。

1 嬢〔ア 女　イ 亠　ウ 八　エ 衣〕（　）

2 封〔ア 土　イ 亅　ウ 王　エ 寸〕（　）

3 擁〔ア 扌　イ 亠　ウ 幺　エ 隹〕（　）

ヒント 「いだく」「もつ」という意味を持つ漢字。

4 冗〔ア ノ　イ 儿　ウ 几　エ 冖〕（　）

5 餓〔ア 戈　イ 良　ウ 飠　エ 扌〕（　）

6 糧〔ア 米　イ 日　ウ 一　エ 里〕（　）

7 衰〔ア 亠　イ 衣　ウ 口　エ 一〕（　）

ヒント もともとは「みの」という意味を持つ漢字。

8 契〔ア 一　イ 大　ウ 刀　エ 丰〕（　）

9 慨〔ア 忄　イ 艮　ウ 旡　エ し〕（　）

10 雇〔ア 一　イ 戸　ウ 尸　エ 隹〕（　）

11 虐〔ア 广　イ ト　ウ 虍　エ 匚〕（　）

ヒント トラが他の動物をいためつける意から「しいたげる」の意を表す漢字。

12 辱〔ア 二　イ 辰　ウ 厂　エ 寸〕（　）

13 賊〔ア 十　イ 貝　ウ 弋　エ 戈〕（　）

14 賢〔ア 臣　イ 又　ウ 貝　エ 八〕（　）

15 斤〔ア ノ　イ 一　ウ 丨　エ 斤〕（　）

16 慕〔ア 艹　イ 日　ウ 大　エ 㣺〕（　）

ヒント 訓読みの「した(う)」は心情を表す言葉。

17 棄〔ア 亠　イ 厶　ウ 一　エ 木〕（　）

18 冠〔ア 冖　イ 二　ウ 儿　エ 寸〕（　）

19 帝〔ア 巾　イ 冖　ウ 立　エ 亠〕（　）

□ **20** 畜〔ア 亠　イ 玄　ウ 幺　エ 田〕（　　）

□ **21** 宴〔ア 宀　イ 日　ウ 一　エ 女〕（　　）

□ **22** 酵〔ア 酉　イ 土　ウ 耂　エ 子〕（　　）
ヒント「さけのもと」という意味に注目。

□ **23** 削〔ア ⺌　イ 月　ウ 亅　エ 刂〕（　　）

□ **24** 穫〔ア 禾　イ 艹　ウ 隹　エ 又〕（　　）
ヒント「稲を取り入れる」という意味を持つ漢字。

□ **25** 郭〔ア 亠　イ 口　ウ 子　エ 阝〕（　　）

□ **26** 逮〔ア 隶　イ 辶　ウ 氺　エ 亅〕（　　）

□ **27** 赦〔ア 十　イ 土　ウ 赤　エ 攵〕（　　）

□ **28** 誉〔ア ⺍　イ 八　ウ 言　エ 口〕（　　）
ヒント「ほめる」「たたえる」という意味を持つ漢字。

□ **29** 厘〔ア ノ　イ 厂　ウ 田　エ 里〕（　　）

□ **30** 貫〔ア 田　イ 一　ウ 毋　エ 貝〕（　　）
ヒント お金の単位であったことにも注目。

□ **31** 載〔ア 土　イ 弋　ウ 戈　エ 車〕（　　）

□ **32** 穀〔ア 士　イ 禾　ウ 殳　エ 又〕（　　）
ヒント「こくもつ」という意味に注目。

□ **33** 衝〔ア 彳　イ 行　ウ ノ　エ 里〕（　　）

□ **34** 魅〔ア 鬼　イ 厶　ウ 儿　エ 木〕（　　）

□ **35** 承〔ア 亅　イ 水　ウ 子　エ 手〕（　　）
ヒント もともと「ささげ持つ」という意味を持っていた漢字。

□ **36** 整〔ア 口　イ 木　ウ 攵　エ 止〕（　　）

ONE Point

同じ形の部首でもどこに位置するかによって呼び名が変わる！②

系・紫→「いと」
紙・絹→「いとへん」

聞・聖→「みみ」
職・聴→「みみへん」

練習 2

実施日

解答は別冊P.8

1 次の漢字の**部首**を**ア〜エ**から選び、（　）の中にその**記号**を記せ。

1 魔〔ア 广　イ 麻　ウ 鬼　エ ム〕（　）
2 膜〔ア 月　イ 艹　ウ 日　エ 大〕（　）
3 執〔ア 土　イ 干　ウ 乙　エ 丶〕（　）
4 厳〔ア 耳　イ 攵　ウ ⺍　エ 厂〕（　）
難 5 夢〔ア 艹　イ 罒　ウ 冖　エ 夕〕（　）
6 膨〔ア 月　イ 士　ウ 豆　エ 彡〕（　）
注 7 到〔ア ム　イ 土　ウ 至　エ 刂〕（　）
注 8 致〔ア ム　イ 土　ウ 至　エ 攵〕（　）

9 陶〔ア 阝　イ 勹　ウ 山　エ 缶〕（　）
注 10 膚〔ア 虍　イ 田　ウ 月　エ 肉〕（　）
注 11 斗〔ア 一　イ 丨　ウ 十　エ 斗〕（　）
12 帆〔ア 巾　イ 几　ウ 丶　エ 乚〕（　）
13 癖〔ア 广　イ 疒　ウ 立　エ 辛〕（　）
注 14 髪〔ア 長　イ 彡　ウ 髟　エ 又〕（　）
15 歳〔ア 止　イ 小　ウ 厂　エ 戈〕（　）
難 16 奪〔ア 一　イ 大　ウ 隹　エ 寸〕（　）
17 窓〔ア 宀　イ 穴　ウ ム　エ 心〕（　）
18 喫〔ア 口　イ 王　ウ 刀　エ 大〕（　）
難 19 夜〔ア 亠　イ 亻　ウ 夕　エ 夂〕（　）
20 釈〔ア 爫　イ 米　ウ 釆　エ 尸〕（　）
21 殴〔ア 匚　イ 几　ウ 又　エ 殳〕（　）

難 22 幽〔ア山　イ凵　ウ丨　エ幺〕（　　）
23 撃〔ア車　イ几　ウ殳　エ手〕（　　）
24 突〔ア宀　イ穴　ウ人　エ大〕（　　）
25 暮〔ア艹　イ八　ウ大　エ日〕（　　）
26 篤〔ア⺮　イ馬　ウ灬　エ⺌〕（　　）
27 葬〔ア艹　イ歹　ウ匕　エ廾〕（　　）
28 塊〔ア土　イ儿　ウ厶　エ鬼〕（　　）
注 29 慰〔ア尸　イ示　ウ寸　エ心〕（　　）
30 烈〔ア夕　イ歹　ウ刂　エ灬〕（　　）
31 巣〔ア⺍　イ日　ウ田　エ木〕（　　）
注 32 募〔ア艹　イ日　ウ大　エ力〕（　　）
33 窒〔ア宀　イ穴　ウ至　エ土〕（　　）
注 34 舎〔ア人　イ土　ウ口　エ舌〕（　　）

35 遂〔ア一　イ丶　ウ豕　エ辶〕（　　）
難 36 黙〔ア里　イ犬　ウ黒　エ灬〕（　　）
37 超〔ア土　イ走　ウ刀　エ口〕（　　）
38 啓〔ア攵　イ戸　ウ丿　エ口〕（　　）
注 39 蓄〔ア艹　イ玄　ウ幺　エ田〕（　　）
40 尾〔ア厂　イ尸　ウ丿　エ毛〕（　　）
41 墨〔ア田　イ里　ウ黒　エ土〕（　　）
42 掌〔ア⺍　イ冖　ウ口　エ手〕（　　）

ONE Point

漢字自体が部首になっている例①

田→「田(た)」　音→「音(おと)」
西→「西(にし)」　欠→「欠(あくび・かける)」
虫→「虫(むし)」　貝→「貝(かい・こがい)」

練習 2

実施日

解答は別冊P.9

2 次の漢字の**部首**を（　）に記せ。

（例）菜（艹）

1 企（　）
2 房（　）
3 胆（　）
4 免（　）
5 簿（　）
6 奉（　）
7 難 卓（　）

8 憂（　）
9 覆（　）
10 裂（　）
11 獄（　）
12 悦（　）
13 勘（　）
14 袋（　）

15 卑（　）
16 赴（　）
17 難 吏（　）
18 隻（　）
19 殊（　）
20 暫（　）
21 岳（　）
22 注 哀（　）
23 愚（　）
24 鶏（　）
25 畳（　）

26 注 辛（　）
27 翻（　）
28 難 克（　）
29 髄（　）
30 蛮（　）
31 墾（　）
32 乙（　）
33 刑（　）
34 華（　）
35 井（　）
36 吉（　）

37 寿
38 憩
39 魂
40 越
41 乏 難
42 項
43 務
44 欺
45 欧
46 彫
47 就

48 柔
49 幻
50 事 難
51 匿
52 焦
53 怠
54 衆
55 了 難
56 慈
57 双
58 塗

59 舞 難
60 虚
61 顧
62 罰
63 更 難
64 脅 注

65 殿
66 輩
67 斥
68 巨 難
69 匠
70 繁

ONE Point

漢字自体が部首になっている例②

見→「見（みる）」　甘→「甘（かん・あまい）」
黄→「黄（き）」　己→「己（おのれ）」
羽→「羽（はね）」　生→「生（うまれる）」

漢検おもしろゼミ03

「熟語」学習には「熟」した知識を！

熟語とは
二字以上の漢字を組み合わせたもので意味を区別・限定し、一定の意味を表す言葉。

組み合わせて広がる漢字の世界

漢字は一字一字が意味を持つ表意文字ですが、一字で物事を表すには限界があります。そこで、二字以上の漢字を組み合わせることによって意味を区別・限定し、より多くの事柄を表すようになりました。こうした一定の意味を表す漢字の組み合わせを「熟語」と呼びます。なかでも、二字熟語が基本となり、私たちの言葉の世界は広がりました。

では「熟語」の「熟」という漢字について考えてみましょう。「熟」には「うれる、みのる、そだつ」「煮る」「じゅうぶんに」「よくよく、つらつら、くわしく」「こなす、こなれる」などの字義（漢字が持つ意味）があります。したがって、「熟」がつく熟語には

成熟…十分に成長する。　**未熟**…経験や修練が不足している。
熟達…慣れて上手になる。　**熟視**…注意して見る。
熟知…十分に知る。　**熟読**…よく味わって読む。
熟練…慣れて上手である。　**習熟**…慣れてよく通じている。

などがあり、いずれも「熟」の字義が含まれた意味を持っています。

漢字は表意文字ですから、同じ字を使った語は共通した意味を持ちながらも、組み合わせ次第で実に多様な意味を表現できるのです。

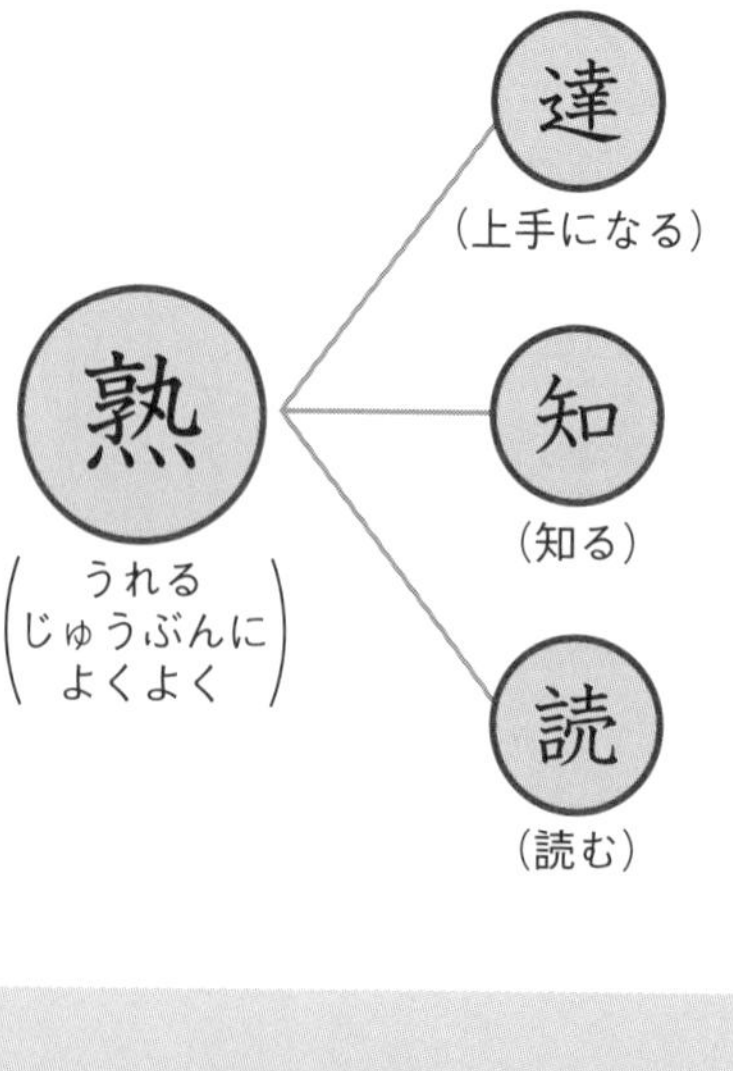

熟語のいろいろな読み方

熟語の読み方には一定の法則があります。

(1)上の字を音読みすれば下の字も音読みする。➡「音読語」

(2)上の字を訓読みすれば下の字も訓読みする。➡「訓読語」

しかし例外も多く、音読みと訓読みを混用した「重箱読み」や「湯桶《ゆとう》読み」、慣用音や熟字訓、当て字などの「慣用的な読み」などがあります。

1 音読語　上の字も下の字も音読みをする熟語

原則として、上が呉音《ごおん》なら下も呉音で、上が漢音なら下も漢音で、上が唐音なら下も唐音で読みます。ただし、それらが交ざった読みも多数あります。

2 訓読語　上の字も下の字も訓読みをする熟語

(例)募金・擁護　※「募金」はともに漢音、「擁護」は漢音と呉音が交ざった読み方

(例)稲穂・花嫁

3 重箱読み　上の字を音読み、下の字を訓読みする熟語

(例)胃袋・炉端

4 湯桶読み　上の字を訓読み、下の字を音読みする熟語

(例)墨絵・豚肉

5 慣用的な読み　慣用音や熟字訓、当て字などの特別な読み方

(例)乙女・風邪

音読語

●上下とも呉音で読むもの

会釈《えしゃく》　地獄《じごく》　修行《しゅぎょう》　束縛《そくばく》　無言《むごん》　など

●上下とも漢音で読むもの

協会《きょうかい》　金言《きんげん》　決定《けってい》　特色《とくしょく》　反省《はんせい》　など

●上下とも唐音で読むもの

行脚《あんぎゃ》　行灯《あんどん》　提灯《ちょうちん》　払子《ほっす》　など

●上を呉音、下を漢音で読むもの

境界《きょうかい》　今月《こんげつ》　自由《じゆう》　納品《のうひん》　内外《ないがい》　など

●上を漢音、下を呉音で読むもの

漢音《かんおん》　勘定《かんじょう》　興味《きょうみ》　言語《げんご》　墨守《ぼくしゅ》　など

訓読語

青空《あおぞら》　朝霧《あさぎり》　浅瀬《あさせ》　腕前《うでまえ》　紙袋《かみぶくろ》　手綱《たづな》

寝床《ねどこ》　昼寝《ひるね》　双子《ふたご》　身柄《みがら》　横綱《よこづな》　など

重箱読み(上が音、下が訓)

縁組《えんぐみ》　額縁《がくぶち》　地声《じごえ》　仕事《しごと》　定宿《じょうやど》　雑木《ぞうき》

台所《だいどころ》　茶柱《ちゃばしら》　派手《はで》　幕内《まくうち》　など

湯桶読み(上が訓、下が音)

雨具《あまぐ》　切符《きっぷ》　消印《けしいん》　小僧《こぞう》　金具《かなぐ》　敷布《しきふ》

野宿《のじゅく》　端数《はすう》　店番《みせばん》　家賃《やちん》　湯気《ゆげ》　など

慣用的な読み

独立《どくりつ》　大漁《たいりょう》　掃除《そうじ》　足袋《たび》　木綿《もめん》　など

熟語の構成と意味の理解

熟語が表意文字である漢字を二字以上組み合わせて構成されていることは、先ほど説明したとおりです。知らない熟語に出会ったとき、漢字の意味と熟語の構成（組み立て）を考えると、熟語のおおよその意味を推測することができます。

熟語の構成（組み立て）は、おおむね次のように分類できます。

1 同じような意味の漢字を重ねたもの

●同じ漢字を重ねて様子や状態を表すもの

「代代」「徐徐」などがこれにあたります。「代々」のように、踊り字（々）を使って書くこともできます。

●同じような意味の漢字を重ねて互いに意味を補い合うもの

この構成の熟語は多く、どちらかの漢字の意味がわかると、熟語の意味もだいたい見当がつきます。

・物のありさまや性質を表す漢字を重ねたもの　（例）豊富　永久

・動作を表す漢字を重ねたもの　（例）言語　禁止

・物の名を表す漢字を重ねたもの　（例）岩石　河川

2 反対または対応の意味を表す字を重ねたもの

●物のありさまや性質を表す漢字を組み合わせたもの　（例）高低　善悪

●動作を表す漢字を組み合わせたもの　（例）昇降　発着

●物の名を表す漢字を組み合わせたもの　（例）心身　主従

熟語の組み立て方の例

①同じような意味の漢字を重ねたもの

●同じ漢字を重ねて様子や状態を表す熟語

少少　個個　再再　刻刻　続続　堂堂
淡淡　洋洋　朗朗　歴歴

●同じような意味の漢字を重ねて互いに意味を補い合う熟語

・物のありさまや性質を表す漢字を重ねた熟語

善良　強硬　軽薄　濃厚　新鮮　清潔
粗悪　精密　悲哀　詳細　華麗

・動作を表す漢字を重ねた熟語

建設　尊敬　圧迫　依頼　勤務　映写
過去　上昇　分割　選択　満足　繁栄

・物の名を表す漢字を重ねた熟語

樹木　森林　絵画　宮殿　身体　皮膚
岩石　道路　機器　霊魂　陰影

②反対または対応の意味を表す字を重ねたもの

●物のありさまや性質を表す漢字を組み合わせた熟語

苦楽　軽重　寒暑　有無　細大　厚薄
安危　難易　緩急　賢愚

●動作を表す漢字を組み合わせた熟語

取捨　集散　攻守　送迎　浮沈　断続
愛憎　去来　授受　伸縮　贈答　貸借

この構成に分類されるのは、相反する二つの意味を対照的に表す熟語が大半ですが、どちらか一つの漢字の意味だけを表す熟語や、もとの意味から転じて別の意味を表す熟語もありますので、注意が必要です。

（例）黒白《こくびゃく》（**物の善し悪《あ》し**）
動静（**人や物事の活動の様子**）
始終（**いつも**）
異同（**異なっているところ、違い**）

3 上の字が下の字を修飾しているもの

修飾と被修飾の関係にあり、上から下へ読むと、熟語のおおよその意味がわかります。

●上の字が下の字を連体修飾するもの
（例）国歌（**↓国の歌**）　深海（**↓深い海**）

●上の字が下の字を連用修飾するもの
（例）楽勝（**↓楽に勝つ**）　予告（**↓予《あらかじ》め告げる**）

4 下の字が上の字の目的語・補語になっているもの

「…を～する」「…に～する」というように、下から上へ読むと、熟語のおおよその意味がわかります。

（例）握手（**↓手を握る**）　乗車（**↓車に乗る**）

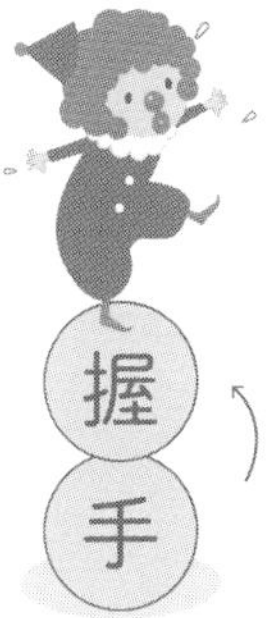

※便宜《べんぎ》上、熟語で前に来る漢字（一字目）を「上の字」、後に来る漢字（二字目）を「下の字」としています。

●物の名を表す漢字を組み合わせた熟語

腹背　表裏　今昔　縦横　師弟　賞罰

③上の字が下の字を修飾しているもの

●上の字が下の字を連体修飾する熟語

佳作　濃紺　漢字　胃液　品質　洋画
脳波　物価　銀幕　麦芽　急病　新人
悪役　晩秋　重罪　美談

●上の字が下の字を連用修飾する熟語

早熟　優遇　重視　永住　先発　互助
厳禁　急増　晩成　再会　激突　徐行
予知

④下の字が上の字の目的語・補語になっているもの

越年　延期　駐車　養豚　捕鯨　観劇
脱皮　求婚　護身　握手　追跡　始業
指名　失明　執務　開幕　遅刻　出題
尽力　点火　避難　増税　登頂　保健

⑤上の字が下の字の意味を打ち消しているもの

●「不」がついた熟語

不慮　不吉　不断　不潔　不服　不当
不徳　不滅　不義　不興　不要

●「無」がついた熟語

無為　無恥　無尽　無量　無数

5 上の字が下の字の意味を打ち消しているもの

上に「不」「無」「非」「未」など、打ち消し（否定）の意味を表す漢字がついて、下の漢字の意味を打ち消します。

（例）不穏　無数　非常　未開

6 上の字が主語、下の字が述語になっているもの

「…が～する」と、上から下へ読むと意味がわかります。

（例）日没**（↓日が没する）**

7 上に「所」「被」をつけたもの

「所」は行為の対象や内容を示す言葉、「被」は受け身の意を表す言葉で、それぞれ「…するところのもの」「…される（もの）」という意味の熟語を作ります。

（例）所得　被告

8 「然」「的」などの接尾語が下についたもの

上の字の意味に基づいて、そのような状態・性質・傾向であることを表します。

（例）平然　美的

9 三字以上の熟語を略したもの（略語）

（例）高校**（高等学校）**　特急**（特別急行）**
学割**（学生割引）**　原爆**（原子爆弾）**

●「非」がついた熟語

非番　非才　非情　非凡

●「未」がついた熟語

未明　未完　未刊　未婚　未収　未熟
未遂　未然　未知　未着　未定

⑥上の字が主語、下の字が述語になっているもの

地震　人造　雷鳴　国立　私製　官選

⑦上に「所」「被」をつけたもの

●「所」がついた熟語

所感　所見　所産　所属　所有　所用

●「被」がついた熟語

被告　被虐

⑧「然」「的」などの接尾語が下についたもの

●「然」がついた熟語

断然　純然　判然　漫然　歴然　騒然
端然　突然

●「的」がついた熟語

法的　病的　物的　静的　動的　詩的

三字の熟語の組み立て方

三字の熟語は、そのほとんどが二字の熟語の上か下に漢字が一字ついてできています。

1 もとの熟語に新たな意味が付加されたもの

●上に漢字が一字ついたもの

「大」＋「自然」で「大自然」となる形です。

●下に漢字が一字ついたもの

「人類」＋「学」で「人類学」となる形です。

2 否定の意味を表す漢字が上についたもの

「不始末」「無意識」「非公式」「未解決」のように「不」「無」「非」「未」などが下の熟語の意味を打ち消す形のものです。

《注意すべき語例》

「不凍港」…「不凍」＋「港」→凍結しない港

「未知数」…「未知」＋「数」→まだ知られていない数

3 接尾語が下についたもの

「協調性」「効果的」など、「性」「的」「化」などの接尾語がつく形です。

4 漢字が三字対等に重ねられたもの

「天」＋「地」＋「人」で「天地人」となる形です。

三字の熟語の組み立て方の例

① もとの熟語に新たな意味が付加されたもの

●上に漢字が一字ついたもの

再確認　最高潮　夢心地　低気圧
小規模　高性能　定位置　美意識
微生物　手荷物　初対面　密貿易

●下に漢字が一字ついたもの

埋蔵量　自尊心　専門家　安心感
調査官　最大限　必需品　善後策
報道陣　性善説

② 否定の意味を表す漢字が上についたもの

不本意　不合理　不名誉　不首尾
不作法　無責任　無感覚　無慈悲
無造作　無分別　非公開　非合法
非常識　非人情　未経験　未完成
未成年　未開拓

③ 接尾語が下についたもの

協調性　国民性　社交性　必然性
標準的　効果的　本格的　通俗的
楽観的　図案化　合理化　長期化
機械化　習慣化

④ 漢字が三字対等に重ねられたもの

大中小　衣食住　松竹梅　陸海空

熟語の構成 ウォーミングアップ

実施日 ／

解答は別冊P.9

1 次の各文の**意味を表す熟語**を、それぞれ**文中にある漢字を使って**□□に記せ。

(例) 岩と石。 → 岩石

1 書物・書籍を読む。 → □□

2 師匠と弟子。 → □□

3 苦しい境遇。 → □□

4 質問と応答。 → □□

5 税金を納める。 → □□

6 実際の被害。 → □□

7 豊かで富んでいること。 → □□

8 国家が所有している。 → □□

2 次の□には――線の漢字を**打ち消す**（否定する）**意味の漢字**が入る。（　）の中にその**漢字**を記せ。

(例) この曲は□朽の名作だ。 （不）

1 □完で終わる小説もある。 （　）

2 □要になった資料を捨てる。 （　）

3 その作戦はあまりに□謀だ。 （　）

4 □凡な才能を感じる。 （　）

5 詳細はいまのところ□定です。 （　）

6 □穏な空気を察知する。 （　）

7 事故は□然に防ぐべきだ。 （　）

8 思わぬ□覚をとった。 （　）

9 □本意ながらも同意した。 （　）

10 考えが□常識だと言われた。 （　）

11 □開拓の分野に進出する。 （　）

12 □公式ながら折衝を重ねた。 （　）

熟語の構成 練習 1

実施日

解答は別冊P.10

1 **熟語の構成**のしかたには次のようなものがある。

ア　同じような意味の漢字を重ねたもの　（**岩石**）
イ　反対または対応の意味を表す字を重ねたもの　（**高低**）
ウ　上の字が下の字を修飾しているもの　（**洋画**）
エ　下の字が上の字の目的語・補語になっているもの　（**着席**）
オ　上の字が下の字の意味を打ち消しているもの　（**非常**）

次の**熟語**は、**ア〜オ**のどれにあたるか。（　）の中に**記号**で記せ。

1 辛勝 意味 かろうじて勝つこと。（　）
2 無為（　）
3 慰霊（　）
4 尊卑（　）
5 去就（　）
6 長幼（　）
7 遭遇（　）
8 歌碑（　）
9 邪悪（　）
10 墳墓 意味 はか。（　）
11 隠匿（　）
12 除籍（　）
13 暫定（　）
14 夢幻（　）
15 未了（　）
16 晩鐘（　）

ONE Point

「**天地**」は「**天**」と「**地**」が**対等**

意味は反対でも、「天」「地」は対等な関係にあります。このような熟語は『「天」と「地」』のように、「と」を入れて考えましょう。

熟語の構成　練習 2

実施日

解答は別冊P.10

1 **熟語の構成**のしかたには次のようなものがある。

ア　同じような意味の漢字を重ねたもの（**岩石**）
イ　反対または対応の意味を表す字を重ねたもの（**高低**）
ウ　上の字が下の字を修飾しているもの（**洋画**）
エ　下の字が上の字の目的語・補語になっているもの（**着席**）
オ　上の字が下の字の意味を打ち消しているもの（**非常**）

次の**熟語**は、**ア～オ**のどれにあたるか。（　）の中に**記号**で記せ。

1 油脂（　）
2 喜悦（　）
3 登壇（　）
4 別離（　）
5 愛憎（　）
6 不慮（　）
7 浮沈（　）
8 減刑（　）
9 開拓（　）
10 終了（　）
11 賞罰（　）
12 昇天（　）

13 点滅（　）
14 超越（　）
15 悲哀（　）
16 択一（　）
17 出没（　）
18 難 疾走（　）
19 赴任（　）
20 欠乏（　）
21 吉凶（　）
22 不吉（　）
23 隔離（　）
24 佳作（　）

25 耐震（　）
26 脅威（　）
27 哀歓（　）
28 難 祝宴（　）
29 駐車（　）
30 未遂（　）
31 硬貨（　）
32 鎮痛（　）
33 昇降（　）
34 救援（　）
35 賢愚（　）
36 慈雨（　）

37 投獄（　）
38 換気（　）
39 需給（　）
40 深紅（　）
41 巨匠（　）
42 難 寸劇（　）
43 未明（　）
44 濃紺（　）
45 免税（　）
46 起伏（　）
47 厳禁（　）
48 未婚（　）

49 愚問（　）
50 捕鯨（　）
51 思慮（　）
52 難 陳述（　）
53 遵法（　）
54 注 鼻孔（　）

55 不問（　）
56 湖畔（　）
57 難 倹約（　）
58 乾湿（　）
59 鶏卵（　）
60 禁猟（　）

ONE Point

熟語の構成を見分けよう① 「援助」

熟語「援助」は、「援」にも「助」にも「たすける」という意味があるので、「同じような意味の漢字を重ねたもの」になります。

熟語の構成　練習 2

実施日　／

解答は別冊P.10・11

2

次の――線の漢字と似た意味の漢字を□に入れて熟語を作り、その漢字を（　　）に記せ。

1 限定盤に価□が出る。（　　）
2 難 苦労は□悟している。（　　）
3 汚れを落として□潔に保つ。（　　）
4 詳□は追って連絡します。（　　）
5 □鮮な魚介類が売り物だ。（　　）
6 厳しい道を□択する。（　　）
7 資金の援□を受ける。（　　）
8 難 周囲の称□を集める。（　　）
9 詳しい説明は省□した。（　　）
10 群衆の中での孤□を感じる。（　　）

3

次の□には――線の漢字を修飾する漢字が入る。その漢字を後の□の中から選んで熟語を作り、その記号を（　　）に記せ。

1 □伐に歯止めをかけたい。（　　）
2 □意の募金が集まった。（　　）
3 本人の□跡に間違いない。（　　）
4 辺りに□香が漂う。（　　）
5 その見解は□観にすぎる。（　　）
6 両者は最終日に□突する。（　　）
7 移籍当初は□遇された。（　　）
8 □楼から景色を見渡す。（　　）

ア 芳　イ 楽　ウ 筆　エ 冷
オ 善　カ 激　キ 濫　ク 高

4

次の□には——線の漢字の**目的語・補語になる漢字**が入る。その漢字を後の［　］の中から選んで**熟語を作り**、その**記号を**（　）に記せ。

1. 消□時間は過ぎている。（　）
2. 事情があって棄□した。（　）
3. 試合は延□になった。（　）
4. 惜□の思いを短歌にした。（　）
5. 失□をしてかし得点を許す。（　）
6. 闘□の様子を日記に残した。（　）
7. （難）ぎりぎりのところで翻□した。（　）
8. 会の発足に尽□する。（　）

ア 病	イ 策	ウ カ	エ 別
オ 期	カ 権	キ 灯	ク 意

5

次の——線と**反対の意味の漢字**を□に入れて**熟語を作り**、その**漢字を**（　）に記せ。

1. （注）攻□にわたる大活躍だった。（　）
2. 次のゲームに□退をかける。（　）
3. （難）因□関係が明らかになる。（　）
4. 難□を問わずに取り組む。（　）
5. 二つの作品は□劣つけがたい。（　）
6. □尾よく勝利を手にした。（　）
7. 濃□のついた色あい。（　）
8. （注）金銭の授□があったらしい。（　）

ONE Point

熟語の構成を見分けよう② 「任免」

熟語「任免」のように、反対・対応の意味を表す字を重ねた熟語は、「任じること」と「免じること」というように、「と」を入れて考えましょう。

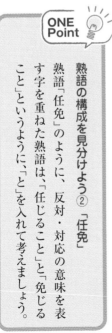

熟語の構成 練習 2

実施日

解答は別冊P.11

6 次の熟語と**同じ構成でできている熟語**を下のア〜エから選び、その**記号**を（　）に記せ。

1 討伐［ア 賢愚　イ 引率　ウ 裸眼　エ 脱獄］（　）

2 濫用［ア 養豚　イ 不遇　ウ 栄枯　エ 岐路］（　）

難 3 概況［ア 帰途　イ 未踏　ウ 就任　エ 換金］（　）

4 干満［ア 応答　イ 既知　ウ 抑揚　エ 喫煙］（　）

注 5 迎春［ア 滅亡　イ 吉凶　ウ 奇怪　エ 遭難］（　）

6 抑圧［ア 屈伸　イ 清濁　ウ 減税　エ 安穏］（　）

7 未納［ア 慰霊　イ 不粋　ウ 秀作　エ 功罪］（　）

8 常駐［ア 攻防　イ 円卓　ウ 自他　エ 不和］（　）

難 9 雅俗［ア 彼我　イ 珍獣　ウ 必携　エ 養蚕］（　）

10 不審［ア 厳封　イ 塗料　ウ 未詳　エ 盛衰］（　）

11 任免［ア 未刊　イ 慈父　ウ 伸縮　エ 防災］（　）

12 祝賀［ア 栄枯　イ 収支　ウ 氷塊　エ 侵犯］（　）

熟語の作成
ウォーミングアップ

実施日 ／

解答は別冊P.12

1 四つの熟語が完成するように、次の□に入る適切な漢字を後の[ ]の中から選べ。

☐ 1
共／主□眠／促

☐ 2
交／倒□乱／誤

☐ 3
不／平□便／健

☐ 4
分／委□歩／渡

☐ 5
受／母□児／動

☐ 6
円／潤□車／空

☐ 7
公／応□集／金

☐ 8
大／横□領／目

滑　錯　綱　胎　募
闘　穏　諾　譲　催

ONE Point

熟語の構成を見分けよう③「後悔」

熟語「後悔」は、「後から悔いる」と考え、「後」が「悔」を連用修飾しているので、「上の字が下の字を修飾しているもの」となります。

熟語の作成 練習 1

実施日 ／

解答は別冊P.12

1 次の漢字と後の□の漢字を組み合わせて二字の熟語を作り、□に記せ。ただし、□の漢字は上でも下でもよい。

1 選
2 埋
3 擁（ヒント「擁護」の「擁」の意味に注目。）
4 哲（ヒント「昔の賢い人」という意味の熟語。）
5 施
6 張
7 符
8 卓（ヒント「卓見」の「卓」の意味に注目。）
9 抑
10 喫

越　先　止　抽　合
葬　立　膨　満　行

2 次の漢字と後の□の漢字を組み合わせて二字の熟語を作り、□に記せ。ただし、□の漢字は上でも下でもよい。

1 陳
2 撃
3 随
4 髄
5 誘
6 偶
7 遇
8 緊
9 房
10 鎮

墜　厚　工　想　土
重　密　致　真　情

熟語の作成 練習2

実施日 ／

解答は別冊P.12

1 1～5の三つの□に**共通する漢字**を入れて熟語を作れ。漢字は**ア～コ**から選び、（　）に**記号**で記せ。

1 □惜・□願・悲□（　）
2 □中・□合・車□（　）
3 □走・□柱・出□（　）
4 □色・豊□・□沢（　）
5 同□・□建・□印（　）

ア 伴　イ 愛　ウ 封　エ 脚　オ 潤
カ 帆　キ 掌　ク 胞　ケ 哀　コ 忌

2 1～5の三つの□に**共通する漢字**を入れて熟語を作れ。漢字は**ア～コ**から選び、（　）に**記号**で記せ。

1 □線・平□・□兵（　）
2 書□・担□・□空（　）
3 □問・□客・回□（　）
4 □型・□物・□造（　）
5 難 □潔・低□・□売（　）

ア 廉　イ 諮　ウ 籍　エ 鋳　オ 顧
カ 雄　キ 伏　ク 典　ケ 架　コ 純

ONE Point

熟語の構成を見分けよう④「譲位」
熟語「譲位」は、「位を譲る」と下から上へ読めるので、「下の字が上の字の目的語・補語になっているもの」となります。

熟語の作成 練習 2

実施日

解答は別冊P.12・13

3

1～5の三つの□に共通する漢字を入れて熟語を作れ。漢字はア～コから選び、（　）に記号で記せ。

1 追□・□情・思□（　）

2 超□・相□・□己（　）

3 □声・□起・叫□（　）

4 □気・変□・□算（　）

5 □願・要□・□負人（　）

ア 憶　イ 募　ウ 歓　エ 換　オ 越
カ 喚　キ 念　ク 克　ケ 慕　コ 請

4

1～5の三つの□に共通する漢字を入れて熟語を作れ。漢字はア～コから選び、（　）に記号で記せ。

1 気□・胃□・□上（　）

2 □在・□入・□航（　）

3 □算・□念・大□（　）

4 □嘆・□然・感□（　）

5 沈□・延□・□納（　）

ア 概　イ 黙　ウ 既　エ 誤　オ 介
カ 驚　キ 炎　ク 滞　ケ 慨　コ 潜

5 次の漢字と下のa～fの漢字を組み合わせて熟語を作る場合、**熟語とならない漢字が一つだけ**ある。その漢字を**記号**で答えよ。（a～fの漢字は上でも下でもよい。）

1 諾［a快 b否 c内 d授 e応 f許］（　）

2 傍［a近 b観 c聴 d路 e触 f証］（　）

3 陣［a円 b営 c退 d布 e戦 f遠］（　）

4 免［a赦 b余 c放 d除 e責 f許］（　）

5 路［a理 b往 c連 d家 e販 f岐］（　）

6 鎮［a育 b文 c火 d圧 e重 f静］（　）

7 黙［a暗 b費 c視 d沈 e読 f殺］（　）

8 執［a確 b行 c深 d固 e事 f務］（　）

注 9 排［a除 b撃 c水 d他 e斥 f烈］（　）

難 10 納［a格 b出 c得 d税 e修 f奉］（　）

11 伐［a木 b採 c収 d乱 e征 f殺］（　）

12 辛［a乏 b労 c苦 d気 e勝 f酸］（　）

13 隔［a重 b遠 c年 d離 e間 f絶］（　）

14 謀［a無 b略 c策 d陰 e戦 f共］（　）

ONE Point

熟語の作成では「読み方」がポイント
二字を組み合わせて熟語を作る時は、音読みだけで考えず、訓読みでも考えてみましょう。意外な組み合わせで熟語ができるかも!?

漢検おもしろゼミ04

視野とともに広がる漢字の世界

■対義語は一対とは限らない
一つの語の対義語は、視点によって複数存在することもある。

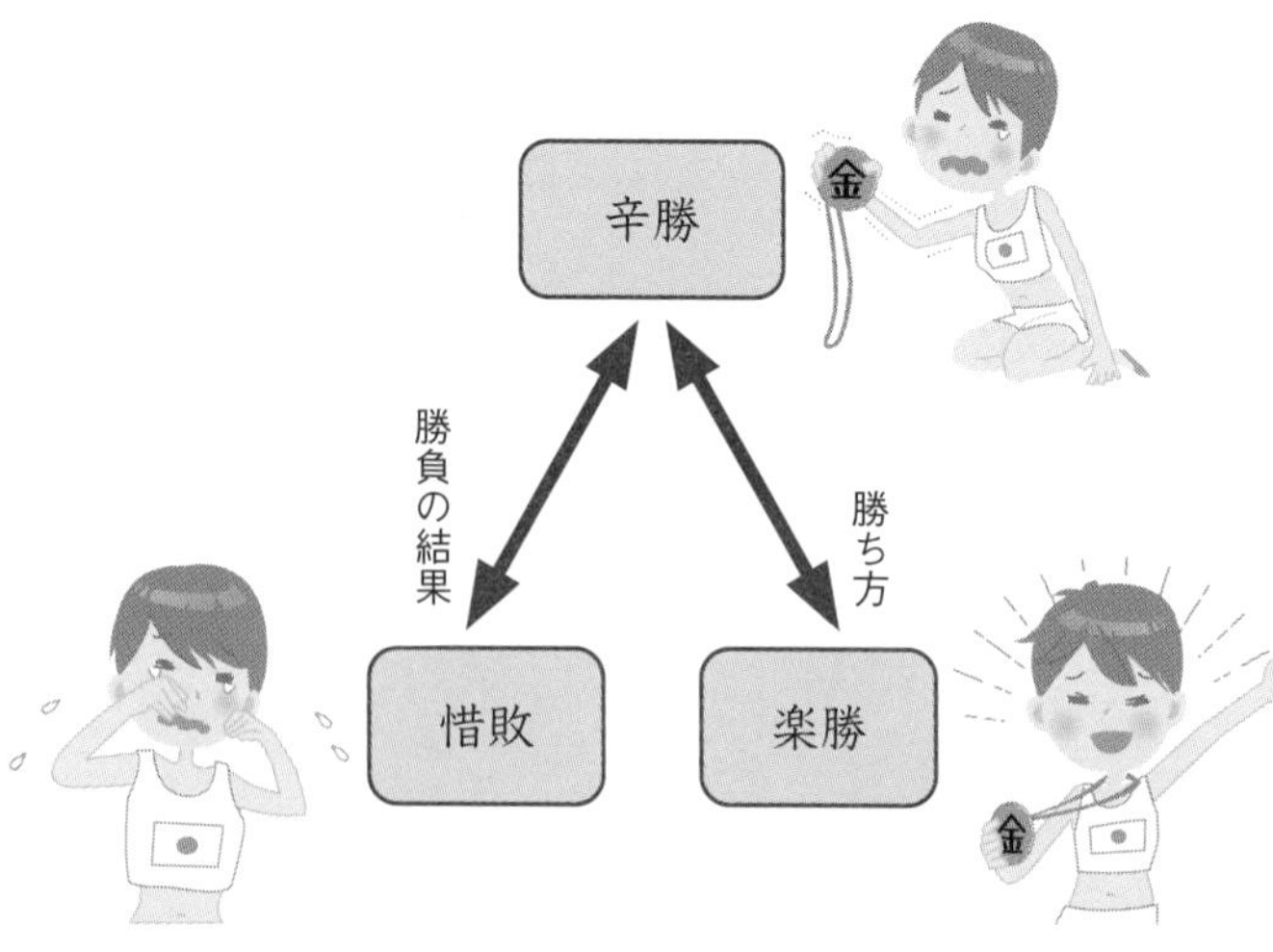

「暖かい」と「暖まる」で対義語が変わる!?

熟語「寒暖」は「寒いことと暖かいこと」という意味を持ち、「寒暖計」や「寒暖の差が激しい地域」などと使われます。前章の「熟語の構成」でいえば「反対または対応の意味を持つ字を重ねた」構成です。この「寒」「暖」の字を用いた「寒流」「暖流」や「寒気団」「暖気団」などの熟語は、反対の意味を持つ対義語になります。

では、同じように「暖」を使った熟語「暖房」の対義語は何でしょうか?「寒房」という言葉はありません。「冷房」が正解ですね。では「寒」を使った「厳寒」の対義語は?「厳暖」という言葉はありません。これは「厳」という字を使わない「猛暑」が対義語になります。

互いに反対の意味を持つ「寒暖」でも、それぞれの漢字を含む熟語で対義語を考える場合、「寒」と「暖」をつけさえすればよいというわけではありません。「寒い」の反対の意味を持つ語は「暖かい」だけでなく「暑い」もあります。同じ「暖」でも、「暖かい」の反対は「寒い」ですが、「暖まる」の反対は「冷える」になります。

このように、対義語は決して単純ではありません。漢字の持つ意味を知り、視野を広く持つことで対義語の世界は広がります。

対義語

漢検では次に説明する「反対語（反意語）」と「対応語（対照語）」を合わせて「対義語」としています。

1 反対語（反意語）

互いに反対の意味を持つ言葉（熟語）

「大きい⇔小さい」や「希薄⇔濃密」など、程度の差を表すものがあります。ほかにも、「解雇⇔採用」や「愛護⇔虐待」のように、一つの事柄を見方や立場、行動を反対にして表現するものもあります。

2 対応語（対照語）

互いに対応して一対のものとなっている言葉（熟語）

「天」と「地」、「南極」と「北極」など、対になる言葉のセットです。これらの語は組み合わさって一つの対となります。

3 対義語の構成

●共通の漢字があるもの

・上の字が反対または対応する意味で、下の字が共通しているもの

悪意⇔善意　苦言⇔甘言　開会⇔閉会　など

・上の字が共通していて、下の字が反対または対応する意味のもの

令息⇔令嬢　以前⇔以後　債務⇔債権　など

●共通の漢字がないもの

・上下の字がそれぞれ反対または対応する意味のもの

悲哀⇔歓喜　増加⇔減少　優良⇔劣悪　など

対義語の構成

●共通の漢字があるもの

・上の字が反対または対応する意味で、下の字が共通しているもの

既婚⇔未婚　虚像⇔実像
是認⇔否認　優遇⇔冷遇
序盤⇔終盤　経度⇔緯度

・上の字が共通していて、下の字が反対または対応する意味のもの

完勝⇔完敗　最長⇔最短
転入⇔転出　年末⇔年始
歓送⇔歓迎　川上⇔川下

●共通の漢字がないもの

・上下の字がそれぞれ反対または対応する意味のもの

遠隔⇔近接　束縛⇔解放
高雅⇔低俗　減退⇔増進

・上下のいずれの字も対応していないもの

粗略⇔丁重　地獄⇔極楽
弟子⇔師匠　黙秘⇔自供

・上下のいずれの字も対応していないもの

過失⇔故意　需要⇔供給　冗長⇔簡潔　など

類義語

「類義語」とは「似た意味の言葉」です。

役者＝俳優　没頭＝専念　帰る＝帰宅

この三組は「類義語」です。どれも同じような意味の語の組み合わせのようですが、実はそれぞれ意味の重なり方が異なっています。漢検では次に説明する「同義語（同意語）」と「類義語」を合わせて「類義語」としています。

1 同義語（同意語）

意味が同じ言葉（熟語）　➡　役者＝俳優

どちらも「演劇や映像作品に出演する事を職業としている人」を表し、これ以外の意味を持ちません。この二つは同じ意味の言葉で、意味は、ほぼ重なっているといえます。

しかし、「大根**役者**」を「大根**俳優**」と言い換えられないなど、別の語と組み合わせる場合にはどちらか一方しか使えないことがあります。また、有名な俳優自身が「私は**役者**です」と、意図的に「俳優」ではなく「役者」を使用することがあるように、双方には微妙なニュアンスの違いがあります。その差異は微妙で、人によって受け止め方が異なる場合すらあるあいまいなものですが、それだけに文脈や使用場面にふさわしい語を選ぶ必要があります。

こういった微妙な差をきちんと理解するためには、国語辞典の用例が参考になります。国語辞典に親しむことで、言葉の微妙な違いを味わう

■類義語の意味の広がり

●同義語（同意語）は意味が同じ

二つの言葉の意味は、ほぼ重なっている

意味が同じ語でも、少しずつ語感が異なる場合もあります。

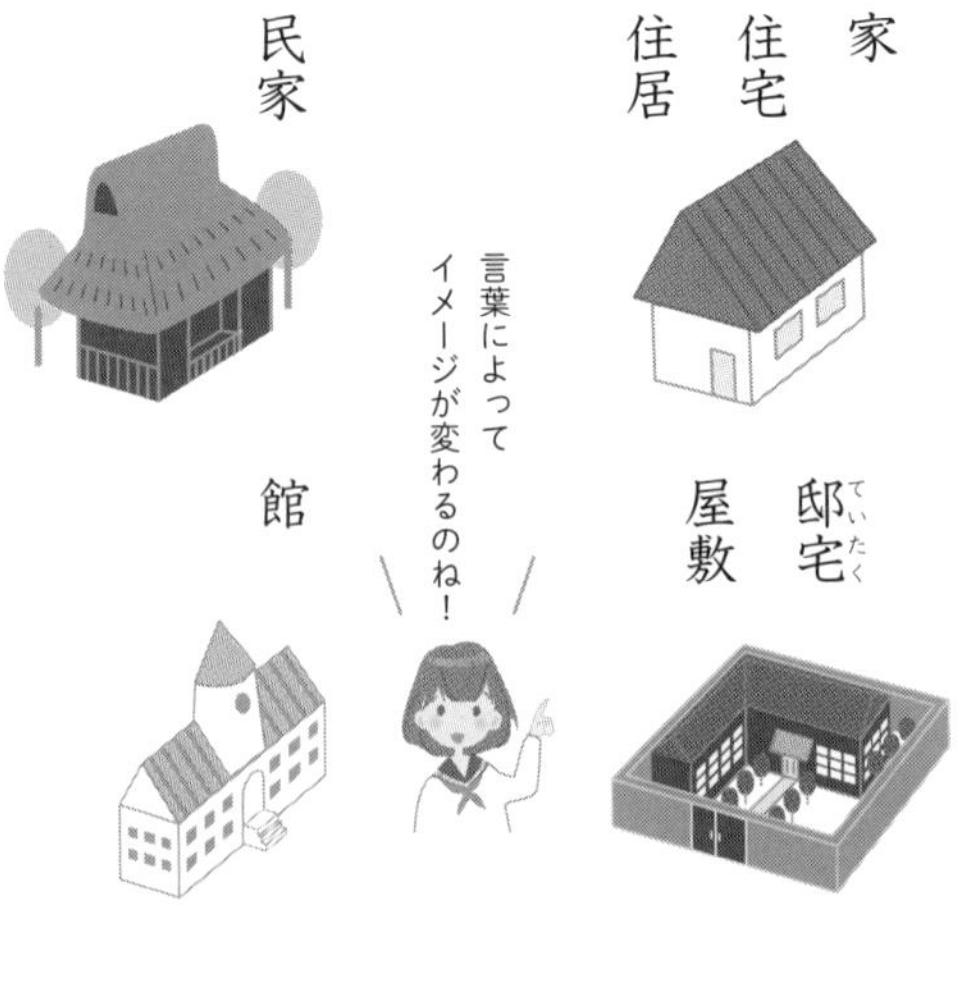

ことができるようになり、表現の幅も広がります。ぜひ学習に活用してみてください。

2 類義語

二つの熟語の意味が互いに類似している言葉（熟語）

●部分的に重なり合うもの ⬇ 没頭＝専念

「没頭」と「専念」はともに「あることに熱中する」という意味です。「試験勉強に**没頭**する」は「試験勉強に**専念**する」と言い換えても意味は一致しているので、一見、同義語のように思えるかもしれません。

しかし、次の文ではどうでしょう。

「帰郷して家業に**専念**する」「育児に**専念**したい」

この「専念」は「没頭」には置き換えられません。「専念」には「集中して熱心に取り組む」という意味があり、これらの文でもその意味で使用されています。そのため「集中して他を顧みない」意味の「没頭」では代替できないのです。「集中する」点では同じ「専念」と「没頭」ですが、全く同義の語ではないというわけです。

●一方が他方に含まれるもの ⬇ 帰る＝帰宅

日本語（和語）の「帰る」は「本来の居場所にもどる」という意味を持ち、漢語の「帰宅」に通じます。さらには「帰還《きかん》」「帰省」「復帰」など、多くの語と意味が共通しています。これら「帰る」の意味を持つ漢語では、それぞれ意味が限定されるため、例えば「残業で**帰省**が遅くなる」とは使えません。このように和語を漢語に置き換えると意味が通じなくなることもあるのです。

このように一方の言葉の意味が他方の言葉の意味をすっぽり包んでいる場合も、類義語の関係といえます。

●類義語（意味が部分的に重なり合うもの）

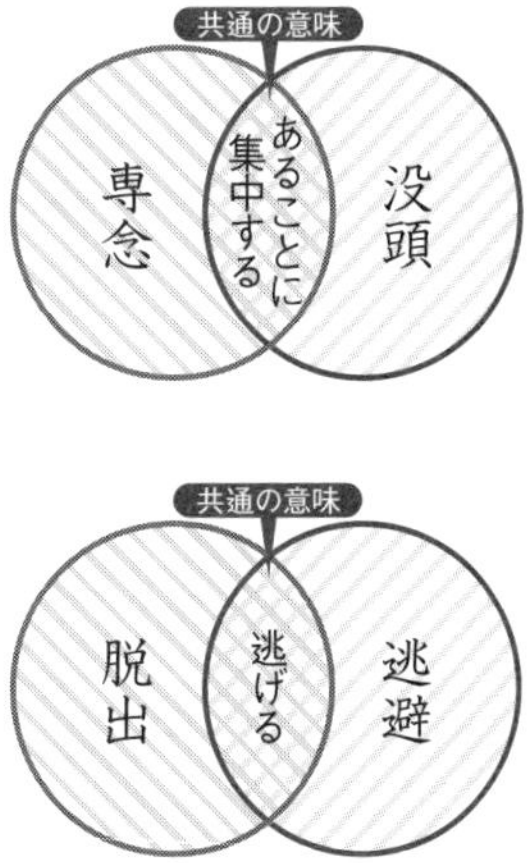

●類義語（一方が他方に含まれるもの）

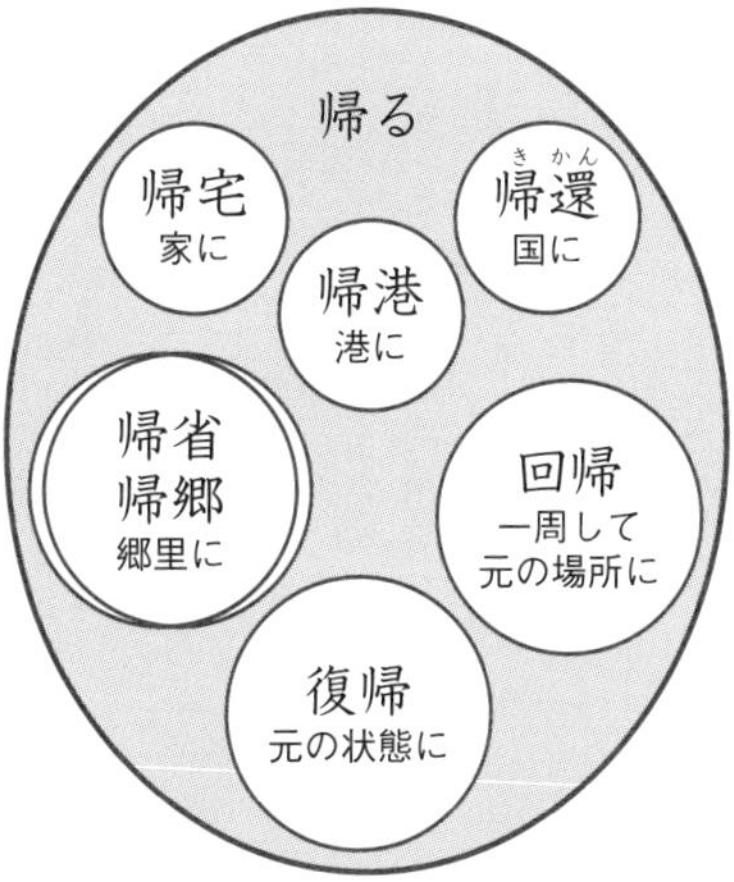

それぞれの漢語が表す内容は限定的。

× 「残業で帰省が遅くなる」
⬇
○ 「残業で帰宅が遅くなる」

× 「職場に回帰する」
⬇
○ 「職場に復帰する」

3 類義語の構成

●共通の漢字があるもの

・上の字が似た意味を持ち、下の字が共通のもの

憶測＝推測　措置＝処置　釈明＝弁明　など

・上の字が共通で、下の字が似た意味を持っているもの

加入＝加盟　開演＝開幕　技能＝技術　など

●共通の漢字がないもの

概略＝大要　対等＝互角　心配＝憂慮　など

類義語はたいへん幅が広く、一対とは限りません。複数の語で類義語の関係となっている場合もたくさんあります。

抜群＝屈指＝無比＝卓越＝卓絶＝非凡　など

ある語に対し、意味が重なる語は複数存在します。意味が重なった語にもそれぞれ類義語はありますから、類義語は対義語よりも複雑な広がりをしているといえるでしょう。

また、日本語には「和語」と「漢語」があり、それぞれに、同じような意味を表す語が複数存在します。また、「外来語」をそのまま日本語として使用することもありますので、類義語は多彩な広がりを見せてくれます。

しかしそれは、同じような意味を持つ語でも微妙に意味合いが異なる場合があるということでもあります。使用場面によって的確に使い分けられるよう、さまざまな文章に触れたり、小まめに国語辞典を引いたりして語彙力《ごいりょく》を磨《みが》いておきましょう。

■類義語の構成

●共通の漢字があるもの

・上の字が似た意味を持ち、下の字が共通のもの

敢行＝決行　吉報＝朗報

倹約＝節約　寸評＝短評

創立＝設立　計略＝策略

・上の字が共通で、下の字が似た意味を持っているもの

現役＝現職　品格＝品位

読破＝読了　失業＝失職

討議＝討論　改善＝改良

●共通の漢字がないもの

冷静＝沈着　潤沢＝豊富

廉価＝安値　放浪＝漂泊

幽閉＝監禁　薄情＝冷淡

■類義語が複数あるもの

永遠＝永久＝恒久＝悠久《ゆうきゅう》＝不朽＝無窮《むきゅう》

知っておきたい対義語・類義語一覧

対義語

- □異端⇔正統
- □鋭敏⇔鈍重
- □穏健⇔過激
- □概要⇔詳細
- □革新⇔保守
- □感情⇔理性
- □期待⇔失望
- □強制⇔任意
- □建設⇔破壊
- □倹約⇔浪費
- □諮問⇔答申
- □需要⇔供給
- □辛勝⇔惜敗
- □精密⇔粗雑
- □怠慢⇔勤勉
- □破損⇔修繕
- □優雅⇔粗野
- □一致⇔相違
- □遠隔⇔近接
- □温暖⇔寒冷
- □架空⇔実在
- □拡大⇔縮小
- □緩慢⇔敏速
- □義務⇔権利
- □協調⇔敵対
- □原則⇔例外
- □孤立⇔連帯
- □邪悪⇔善良
- □上昇⇔下降
- □慎重⇔軽率
- □創造⇔模倣
- □抽象⇔具体
- □発生⇔消滅
- □擁護⇔侵害
- □栄達⇔零落
- □延長⇔短縮
- □解雇⇔採用
- □拡散⇔凝縮
- □歓喜⇔悲哀
- □起床⇔就寝
- □虐待⇔愛護
- □偶然⇔必然
- □賢明⇔暗愚
- □辞退⇔承諾
- □自由⇔束縛
- □冗漫⇔簡潔
- □生産⇔消費
- □促進⇔抑制
- □追随⇔率先
- □妨害⇔協力
- □利益⇔損失

類義語

- □円熟＝老練
- □該当＝適合
- □架空＝虚構
- □感心＝敬服
- □吉報＝朗報
- □携帯＝所持
- □鼓舞＝激励
- □失望＝落胆
- □潤沢＝豊富
- □正邪＝是非
- □手紙＝書状
- □不足＝欠乏
- □未熟＝幼稚
- □倹約＝節約＝節減
- □静観＝傍観＝座視
- □基盤＝土台＝根幹＝根底
- □没頭＝専念＝夢中＝熱中
- □穏健＝温厚
- □介抱＝看護
- □華美＝派手
- □関心＝興味
- □距離＝間隔
- □健闘＝善戦
- □困苦＝辛酸
- □使命＝任務
- □思慮＝分別
- □即刻＝早速
- □抜群＝卓越
- □弁解＝釈明
- □冷静＝沈着
- □回顧＝追憶
- □果敢＝勇猛
- □監禁＝幽閉
- □官吏＝役人
- □傾向＝風潮
- □考慮＝思案
- □次第＝順序
- □重体＝危篤
- □辛抱＝我慢
- □体裁＝外見
- □漂泊＝放浪
- □方法＝手段
- □廉価＝安値
- □克明＝丹念＝入念
- □突如＝突然＝不意＝唐突
- □措置＝処理＝処置＝始末
- □了解＝承諾＝了承＝許諾

ウォーミングアップ

実施日 ／

解答は別冊P.13

1 次の組み合わせが**対義語の関係**になるように、□にあてはまる**漢字**を下の〔　〕から選び、（　）に記せ。

1 守備―攻□　〔防・撃・略・勢〕（　）
2 架空―□在　〔所・存・実・現〕（　）
3 炎暑―□寒　〔冷・水・厳・穏〕（　）
4 令嬢―令□　〔兄・息・人・色〕（　）
5 偶然―□然　〔必・当・突・自〕（　）
6 地獄―□楽　〔苦・行・悦・極〕（　）
7 破壊―建□　〔言・材・設・議〕（　）
8 生産―消□　〔去・失・散・費〕（　）

2 次の熟語の**対義語**を後の□の中から選び、（　）に記せ。

1 終了―（　）
2 不和―（　）
3 脱退―（　）
4 称賛―（　）
5 動揺―（　）
6 強情―（　）
7 修繕―（　）
8 膨張―（　）
9 任意―（　）
10 繁栄―（　）
11 慎重―（　）
12 暗愚―（　）

従順・非難・強制・安定・没落・破損
賢明・開始・円満・加盟・軽率・収縮

3 次の組み合わせが**類義語の関係**になるように、□にあてはまる**漢字**を下の〔　〕から選び、(　)に記せ。

1 音信―消□　〔灯・息・費・印〕　(　)
2 他界―□眠　〔安・催・永・就〕　(　)
3 没頭―専□　〔有・行・業・念〕　(　)
4 皮肉―風□　〔潮・聞・刺・味〕　(　)
5 有数―□指　〔十・屈・食・親〕　(　)
6 役割―任□　〔務・命・用・意〕　(　)
7 安値―□価　〔減・特・廉・買〕　(　)
8 思慮―□別　〔分・個・識・区〕　(　)
9 断行―□行　〔励・横・執・敢〕　(　)
10 次第―順□　〔次・位・序・列〕　(　)

4 次の熟語の**類義語**を後の□の中から選び、(　)に記せ。

1 考慮―(　)
2 辛酸―(　)
3 携帯―(　)
4 関心―(　)
5 反目―(　)
6 我慢―(　)
7 受諾―(　)
8 土台―(　)
9 方法―(　)
10 困惑―(　)

閉口・所持・思案・基盤・承知
敵対・興味・困苦・手段・辛抱

ONE Point

「**対義語**」について

「漢検」では反対語と対応語を合わせて「対義語」としています。一対の熟語として覚えることが大切です。

練習 1

実施日

解答は別冊P.13

1 次のア・イはそれぞれ**対義語の関係**になっている。**アはその熟語の読みをひらがなで、イはカタカナを漢字に直して(　)に記せ。**

1 ア 債務 イ 債ケン

ヒント 借金を返さなければならない義務をいう。

2 ア 発生 イ 消メツ

3 ア 恒久 イ ザン時

意味 ある状態が長く変わらないこと。

4 ア 削除 イ テン加

5 ア 協調 イ ハイ他

ヒント 「他をハイする」という意味の熟語を考える。

6 ア 創造 イ 模ホウ

7 ア 統一 イ 分レツ

8 ア 困難 イ ヨウ易

9 ア 辞退 イ 承ダク

10 ア 精密 イ ソ雑

ヒント 「精密」は上下とも似た意味の漢字の組み合わせ。

11 ア 善良 イ ジャ悪

12 ア 自慢 イ ヒ下

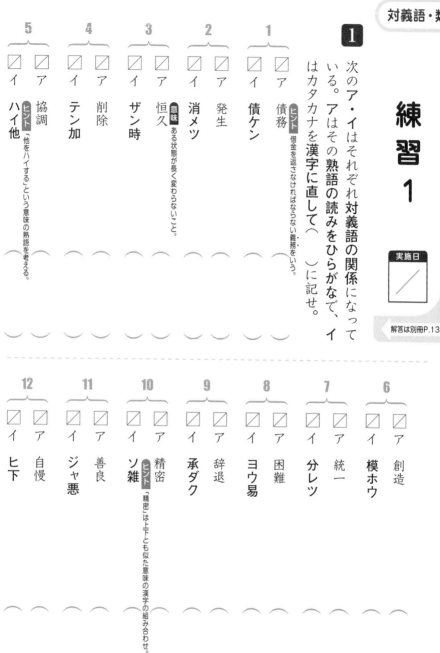

2 次のア・イはそれぞれ**類義語の関係**になっている。**ア**はその**熟語の読みをひらがな**で、**イ**はカタカナを**漢字に直して**（　）に記せ。

1 ア 道楽（　）
イ **趣ミ**（　）

2 ア 心配（　）
イ **ユウ慮**（　）

3 ア 傍観（　）
イ **ザ視**（　）
意味 何もせずそばで見ていること。
意味 黙って見ているだけで関わろうとはしないこと。

4 ア 勇猛（　）
イ **果カン**（　）
ヒント 「勇猛果カン」とつなげて使われることも多い。

5 ア 大要（　）
イ **ガイ略**（　）

6 ア 体裁（　）
イ **ガイ見**（　）

7 ア 失望（　）
イ **落タン**（　）

8 ア 造営（　）
イ **ケン築**（　）

9 ア 節減（　）
イ **ケン約**（　）
意味 出費などを抑えること。

10 ア 案内（　）
イ **ユウ導**（　）

11 ア 平定（　）
イ **チン圧**（　）
意味 敵を倒し、世の中を平和にすること。
意味 戦乱などをしずめること。

ONE Point

対義語は一つとは限らない

「歓喜」の対義語は「悲哀」「悲嘆」「苦悩」などがあり、複数存在する場合があります。

練習 1

実施日 ／

解答は別冊P.14

3 次の〔　〕から**対義語の関係**になる組み合わせを一組選び、その**記号**を（　）に記せ。

1 〔ア 興奮　イ 安静　ウ 感動　エ 冷静〕（　・　）

意味 安静：病人などが体を動かさず静かにしていること。

2 〔ア 公開　イ 配慮　ウ 支配　エ 従属〕（　・　）

3 〔ア 特典　イ 権利　ウ 義務　エ 使命〕（　・　）

4 〔ア 柔弱　イ 強固　ウ 固辞　エ 強敵〕（　・　）

5 〔ア 地味　イ 費用　ウ 消費　エ 貯蓄〕（　・　）

6 〔ア 衝撃　イ 過激　ウ 穏健　エ 健全〕（　・　）

ヒント 集団に対する性格づけに用いられる語（○○派といえるもの）に注目。

7 〔ア 拡大　イ 縮小　ウ 伸縮　エ 起伏〕（　・　）

8 〔ア 日常　イ 異常　ウ 正常　エ 無常〕（　・　）

9 〔ア 沈降　イ 破裂　ウ 隆起　エ 曲折〕（　・　）

10 〔ア 思考　イ 霊魂　ウ 化身　エ 肉体〕（　・　）

11 〔ア 閉鎖　イ 解約　ウ 解放　エ 束縛〕（　・　）

12 〔ア 緩慢　イ 敏速　ウ 緩急　エ 遅速〕（　・　）

ヒント 個々の熟語の構成に注目。

4

次の〔　〕から**類義語の関係**になる組み合わせを一組選び、その**記号**を（　）に記せ。

1 〔ア 節制　イ 保健　ウ 摂生　エ 衛生〕（　・　）
意味 摂生：健康に注意すること。

2 〔ア 冷淡　イ 寒冷　ウ 落胆　エ 薄情〕（　・　）

3 〔ア 推量　イ 推進　ウ 憶測　エ 邪推〕（　・　）
ヒント 下の字の意味に注目。

4 〔ア 保安　イ 無難　ウ 平素　エ 日常〕（　・　）

5 〔ア 即座　イ 不意　ウ 突然　エ 至急〕（　・　）
ヒント 「物事が起こるさま」を表す語に注目。

6 〔ア 潤沢　イ 豊富　ウ 全部　エ 多勢〕（　・　）

7 〔ア 略式　イ 格式　ウ 正式　エ 本式〕（　・　）

8 〔ア 激減　イ 不足　ウ 消失　エ 欠乏〕（　・　）

9 〔ア 卑俗　イ 卑下　ウ 下品　エ 雅俗〕（　・　）

10 〔ア 占有　イ 独占　ウ 専有　エ 単独〕（　・　）
意味 占有：自分の所有にすること。
意味 専有：独りで所有すること。

11 〔ア 傾向　イ 推移　ウ 局面　エ 風潮〕（　・　）

12 〔ア 未熟　イ 幼稚　ウ 非才　エ 無知〕（　・　）

ONE Point

「類義語」について

「漢検」では同義語（同意語）と類義語を合わせて「類義語」としています。

練習 2

実施日 ／

解答は別冊P.14・15

1 次の□の中の語を必ず一度使って漢字に直し、対義語・類義語を記せ。

対義語

1 丁重―（　）略
2 閉鎖―（　）放 注
3 延長―短（　）
4 興隆―（　）退
5 末節―（　）幹 難

類義語

6 回想―追（　）
7 隆盛―（　）栄
8 承知―（　）解
9 是非―可（　）
10 奮戦―（　）闘

おく・かい・かん・こん・しゅく
すい・そ・はん・ひ・りょう

2 次の□の中の語を必ず一度使って漢字に直し、対義語・類義語を記せ。

対義語

1 事実―（　）構
2 進展―停（　）
3 尊大―（　）屈 難
4 利益―（　）失
5 課税―（　）税

類義語

6 漂泊―放（　）
7 処理―（　）置
8 普通―（　）常
9 阻害―（　）魔
10 丹念―（　）明

きょ・こく・じゃ・じん・そ
そん・たい・ひ・めん・ろう

3 次の□の中の語を必ず一度使って漢字に直し、対義語・類義語を記せ。

対義語

- □ 1 老練—幼（　）
- 難 □ 2 快諾—固（　）
- □ 3 恥辱—栄（　）
- □ 4 巨大—（　）細
- □ 5 協力—（　）害

類義語

- □ 6 派手—（　）美
- □ 7 弁解—（　）明
- □ 8 将来—前（　）
- 難 □ 9 歳月—光（　）
- □ 10 難儀—（　）苦

いん・か・じ・しゃく・しん
ち・と・び・ぼう・よ

4 次の□の中の語を必ず一度使って漢字に直し、対義語・類義語を記せ。

対義語

- 難 □ 1 答申—（　）問
- □ 2 勝利—敗（　）
- □ 3 違反—（　）守
- □ 4 寒冷—温（　）
- □ 5 栄達—（　）落

類義語

- 難 □ 6 奇抜—（　）飛
- □ 7 復活—（　）生
- □ 8 達成—完（　）
- □ 9 制裁—処（　）
- □ 10 熱中—（　）頭

さい・し・じゅん・すい・だん
とっ・ばつ・ぼく・ぼっ・れい

ONE Point

類義語は一つとは限らない!! ①

□に漢字を入れて類義語の関係を完成させましょう。

安価—①価—②値

①廉 ②安

練習2

実施日 ／

解答は別冊P.15・16

5 次の□の中の語を必ず一度使って漢字に直し、対義語・類義語を記せ。

対義語

1 連続―中（　）
2 自供―（　）秘
3 簡単―複（　）
4 冷遇―（　）遇　難
5 怠慢―勤（　）

類義語

6 用心―（　）戒
7 策略―陰（　）
8 独裁―（　）制　注
9 本気―真（　）
10 借金―負（　）

けい・けん・さい・ざつ・せん
だん・べん・ぼう・もく・ゆう

6 次の□の中の語を必ず一度使って漢字に直し、対義語・類義語を記せ。

対義語

1 受理―（　）下
2 刺激―（　）応
3 率先―追（　）
4 専任―（　）任
5 難解―（　）易

類義語

6 老練―円（　）
7 進言―具（　）　難
8 期待―（　）望
9 拘束―束（　）
10 容赦―勘（　）

きゃっ・けん・じゅく・しょく・しん
ずい・ばく・はん・へい・べん

7

次の□の中の語を**必ず一度**使って**漢字に直し、対義語・類義語**を記せ。

対義語

1 降下—上（　）
2 感情—（　）性
3 徴収—（　）入
4 水平—（　）直 難
5 湿潤—乾（　）

類義語

6 哀歓—（　）喜 難
7 服従—（　）属
8 冷静—沈（　）
9 適合—（　）当
10 展示—（　）列

えん・がい・しょう・そう・ちゃく
ちん・のう・ひ・り・れい

8

次の□の中の語を**必ず一度**使って**漢字に直し、対義語・類義語**を記せ。

対義語

1 近接—遠（　）
2 劣勢—（　）勢
3 具体—（　）象
4 未満—（　）過
5 簡潔—（　）漫

類義語

6 抜群—無（　）難
7 潔白—清（　）
8 重体—危（　）
9 踏襲—（　）承
10 激励—（　）舞 難

かく・けい・こ・じょう・ちゅう
ちょう・とく・ひ・ゆう・れん

ONE Point

類義語は一つとは限らない!! ②

□に漢字を入れて類義語の関係を完成させましょう。

風習—①俗—②慣—習③

①風 ②習 ③俗

漢検おもしろゼミ05

人生の知恵や教えを凝縮！

「天意無法」か？「天衣無縫」か？

「てんいむほう」という四字熟語を、「天意無法」と書いている人はいませんか。この言葉は、中国の『霊怪録《れいかいろく》』という書物に載っている話に基づくもので、「天女の着ている衣」（天衣）には「縫い目が全くない」（無縫）ということから、正しくは「天衣無縫」と書きます。意味は、飾り気がなく極めて自然であるさまをいいます。

四字熟語には、私たちが日常的に使っている言葉と音が同じ部分があるためにまぎらわしいものも多くあり、混乱することがあるかもしれません。

このように、四字熟語は「高校野球」のように、内容を簡潔に表したものばかりではなく、中国の故事に基づき、昔から使われてきたもの（「鶏口牛後」）や、日本人の生活の中から生み出されたもの（「一期一会《いちごいちえ》」）、仏教に由来するもの（「因果応報」）など、それぞれに一定のいわれや由来を持ったものもあります。それらをまとめて四字熟語と呼んでいます。

また、冒頭の「天衣無縫」のように、表面的な意味から派生して、新た

■四字熟語の組み立て

①数字が用いられているもの

一衣帯水　一喜一憂　一挙一動
一挙両得　一石二鳥　一刀両断
一日千秋　一部始終　破顔一笑
二束三文　三寒四温　百鬼夜行
千差万別　千変万化　笑止千万

②上の二字と下の二字が、意味の似ているもの

悪口雑言　悪戦苦闘　雲散霧消
完全無欠　牛飲馬食　金城鉄壁
広大無辺　自暴自棄　自由自在
青天白日　浅学非才　沈思黙考
天災地変　天変地異　電光石火
日進月歩　美辞麗句　平身低頭
平平凡凡　豊年満作　無我夢中
無念無想　流言飛語

③上の二字と下の二字が、反対の意味で対応しているもの

弱肉強食　信賞必罰　針小棒大
人面獣心　大同小異　半死半生

な別の意味を持つものも多くあります。わずか四字の漢字に、人生の知恵や教えを凝縮したもの。それこそが、四字熟語なのだといえるでしょう。
四字熟語の学習では、漢字の組み合わせと意味だけを覚えるのではなく、その由来やいわれを調べておくと、理解がより深まり、覚え間違いも防ぐことができるでしょう。

四字熟語の組み立て

1 数字が用いられているもの

(例)三三五五　一騎当千　四分五裂　千載一遇

2 上の二字と下の二字が、意味の似ているもの

●共通の漢字を用いたもの　(例)粗衣粗食　無位無冠
●異なる漢字を用いたもの　(例)高論卓説　明鏡止水
●同じ字を重ねたもの　(例)年年歳歳　子子孫孫

3 上の二字と下の二字が、反対の意味で対応しているもの

上の二字と下の二字が互いに意味を強調し合う関係にあります。
(例)神出鬼没　酔生夢死　先憂後楽
「出－没」「生－死」「先－後」のように、反対の意味の漢字を含んでいます。

4 一字目と二字目、三字目と四字目がそれぞれ反対の意味の漢字で構成されていて、しかも上下で一対になっているもの

(例)利害得失　栄枯盛衰　離合集散　理非曲直

5 上の二字が主語、下の二字が述語の関係になっているもの

「○○は(が)××だ(する)」という関係にあるものです。
(例)天衣無縫(天衣は無縫である)　怒髪衝天(怒髪が天を衝《つ》く)

半信半疑　不即不離　優勝劣敗
有名無実

④一字目と二字目、三字目と四字目がそれぞれ反対の意味の漢字で構成されていて、しかも上下で一対になっているもの

古今東西　治乱興亡
生殺与奪　老若男女《ろうにゃくなんにょ》

⑤上の二字が主語、下の二字が述語の関係になっているもの

意味深長　感慨無量　危機一髪
玉石混交　才色兼備　終始一貫
諸行無常　大器晩成　適者生存
本末転倒　油断大敵　用意周到

⑥上の二字が修飾語、下の二字が被修飾語の関係になっているもの、または、連続の関係になっているもの

以心伝心　我田引水　急転直下
取捨選択　熟慮断行　前後不覚
単刀直入　不言実行

⑦四字が対等の関係にあるもの

起承転結　花鳥風月
東西南北　春夏秋冬

6 上の二字が修飾語、下の二字が被修飾語の関係になっているもの、または、連続の関係になっているもの

上の二字の意味が下の二字にかかる形です。

(例)昼夜兼行(昼夜を兼行する)　縦横無尽(縦横に無尽である)

7 四字が対等の関係にあるもの

(例)喜怒哀楽　冠婚葬祭

8 注意すべき組み立ての四字熟語

「五里霧中《ごりむちゅう》」という四字熟語は中国の故事に基づきます。後漢の張楷《ちょうかい》という人が、仙術《せんじゅつ》で五里霧(五里四方にわたる濃い霧)を起こし、方向を見失わせたという話から出た言葉です。したがって、構成は「五里霧」+「中」となります。意味は「迷ったり手がかりがつかめなかったりして、どうしてよいかわからないこと」。「手探りで進む」という意味にも使われます。

故事に基づく四字熟語

四字熟語には、故事に基づいて古くから使われてきたものがあります。

故事とは、中国や日本の古い書物に書き残されている事柄のこと(実際にあった出来事や言い伝えを含む)をいいます。このような四字熟語は、長い時代を経て語り継がれてきた、人々の知恵や知識を表す特別な意味のある言葉なのです。

故事に基づく四字熟語は、一字一字の漢字の意味を知っていても、その故事そのものを知らなければ意味が理解できない場合があるので、成り立ちを確認しておきましょう。

---

⑧注意すべき組み立ての四字熟語

一牛鳴地⬇「一」+「牛鳴」+「地」

⇩牛の鳴き声が聞こえるほどの距離の地という意味から、極めて距離が近いことをいいます。また、のどかな田園風景の形容としても用いられます。

同じ語構成の四字熟語に「一衣帯水」があります(「一」+「衣帯」+「水」)。

「日本と中国は一衣帯水の関係にある」などと、極めて密接な関係のたとえに用います。

愛別離苦⬇「愛別離」+「苦」

⇩親子や夫婦など、愛する人との別れのつらさをいう仏教語で、人生について回るという「四苦八苦」の一つです。

■故事とは

中国や日本の古い書物に書き残されている事柄や、昔あった出来事、言い伝えのこと。

故事に基づく四字熟語の例

【意気揚揚《いきようよう》】

いかにも誇らしげに振る舞うさま。さも得意そうな様子。

中国の春秋時代、斉《せい》の国に名臣の誉れ高い晏嬰《あんえい》（晏子《あんし》）という宰相《さいしょう》がいた。あるとき彼の馬車の準備をしている御者が、自分こそはあの名宰相晏嬰様の御者であると、いかにも得意そうな様子であった。出典は、そのさまを「意気揚揚として甚《はなは》だ自得す」と記している。

（出典『史記《しき》』〈管晏列伝《かんあんれつでん》〉）

【益者三友《えきしゃさんゆう》】

自分の人生に有益な三種類の友のこと。

有益な「三友」とは「正直な人、誠実な人、博識な人」で、友人を選ぶ際の注意すべき点を述べた言葉。反対の言葉に、「損者三友《そんしゃさんゆう》」がある。付き合って損をする人とは「体裁だけ気にする人、人にこびへつらう人、口先だけの人」をいう。

（出典『論語《ろんご》』〈季氏《きし》〉）

【換骨奪胎《かんこつだったい》】

古人の作に基づいて独自のものを生みだすこと。

「骨を取りかえ胎盤を奪う」意で、他人が作った詩や文章などをうまく取り込み、工夫を凝らして独自の作品とすること。

（出典『冷斎夜話《れいさいやわ》』）

【鶏口牛後《けいこうぎゅうご》】

大きな組織に隷属するより、小さな組織でも長となって人の上に立つほうがよいということのたとえ。

中国の戦国時代、蘇秦《そしん》が韓《かん》の王に対して「たとえ小さな国であっても、一国の王でいるべきである。秦《しん》がいくら大国でも、決して降参してはならない。」（むしろ鶏口となるも、牛後となるなかれ）と説いた故事からできた言葉。「鶏口」は「にわとりの口」で、弱小ではあるがその長であること、「牛後」は「牛のしり」で、強大なものの支配下に隷属することをたとえている。この結果、韓・魏《ぎ》・趙《ちょう》・燕《えん》・斉《せい》・楚《そ》の六国《りっこく》の合従《がっしょう》（南北同盟）が成立し、六国同盟は強大な勢力を持つことができた。

（出典『史記《しき》』〈蘇秦列伝〉）

【多岐亡羊《たきぼうよう》】

方針や取るべき道が多すぎて、どれを選んだらよいか迷うこと。

本来は、学問の道が多方面に分かれていて、真理を見失いがちになることをたとえたもの。

中国の戦国時代に、逃げた一匹の羊を捕まえようと大勢が追いかけたが、枝道が多くて、結局、見失ってしまった。その話を聞いた隣家の思想家楊朱《ようしゅ》が、学問の道も同じであると嘆いたという故事による。

（出典『列子《れっし》』〈説符《せつぷ》〉）

【電光石火《でんこうせっか》】

動作がきわめてすばやいこと。

あっという間の短い時間という意味でも使われる。「電光」は稲光のこと。「石火」は、火打ち石を打ち合わせたときに出る火花のこと。

（出典『五灯会元《ごとうえげん》』）

ウォーミングアップ

実施日

解答は別冊P.16

1 次の□には**共通の漢字一字**が入る。**ア・イ**とも四字熟語になるように漢字を後の[　]の中から選び、(　)に記せ。

1
ア 誠心誠□
イ 一□専心
(　　)

2
ア 質疑応□
イ 問□無用
(　　)

3
ア 意気消□
イ □思黙考
(　　)

4
ア 暖□飽食
イ 粗□粗食
(　　)

5
ア 百□夜行
イ 疑心暗□
(　　)

6
ア 当意□妙
イ 不□不離
(　　)

7
ア 一挙一□
イ 驚天□地
(　　)

8
ア 浅学非□
イ □色兼備
(　　)

9
ア 不言□行
イ 有名無□
(　　)

10
ア 免許皆□
イ 以心□心
(　　)

鬼　即　沈　才　答
衣　伝　意　実　動

2

次はいずれも**漢数字を使った**四字熟語である。□に入る**漢数字**を後の[ ]の中から選び、( )に記せ。([ ]の中の漢数字は何度使ってもよい。)

1 一騎当□ ( )
2 十人□色 ( )
3 □挙両得 ( )
4 再□再四 ( )
5 四苦□苦 ( )
6 三寒□温 ( )
7 四分□裂 ( )
8 □載一遇 ( )
9 □網打尽 ( )
10 四□時中 ( )
11 □転八倒 ( )
12 千変□化 ( )
13 □人三脚 ( )
14 議論□出 ( )
15 三拝□拝 ( )
16 □海同胞 ( )

一　二　三　四　五　六　七
八　九　十　百　千　万

ONE Point

実は少数派の四字熟語「春夏秋冬」

四字熟語は二字の熟語を重ねたものが大半です。「春夏秋冬」のように四つの字が対等に並ぶものはわずか。他にも考えてみましょう。

練習1

実施日 ／

解答は別冊P.16

1 次の四字熟語を完成させるにはどれが正しいか。ア〜エから選び、（　）の中に**記号**で記せ。

1 意気□□ 〔ア昇天　イ承転　ウ衝天　エ焦点〕（　）

2 □□無策 〔ア無為　イ無位　ウ無意　エ夢意〕（　）

3 人跡□□ 〔ア未倒　イ未答　ウ未到　エ未踏〕（　）
ヒント 「人跡」が「人の足跡」という意味であることに注意。

4 怪力□□ 〔ア乱神　イ乱心　ウ乱身　エ乱信〕（　）
意味 人知の及ばない不思議な現象、超自然的な物事の存在のたとえ。

5 □□盛衰 〔ア永枯　イ栄古　ウ栄枯　エ永古〕（　）

6 縦横□□ 〔ア無陣　イ無人　ウ無仁　エ無尽〕（　）

7 □□玉条 〔ア金貨　イ金科　ウ金華　エ金価〕（　）
意味 自分の主張や立場などの絶対的なよりどころとなる教訓や信条のこと。

8 首尾□□ 〔ア一巻　イ一敢　ウ一肝　エ一貫〕（　）

9 意味□□ 〔ア深長　イ慎重　ウ深重　エ伸長〕（　）

10 □□無恥 〔ア紅顔　イ厚顔　ウ高願　エ公願〕（　）

11 論旨□□ 〔ア明快　イ明解　ウ名解　エ迷開〕（　）

12 複雑□□ 〔ア会期　イ回帰　ウ快気　エ怪奇〕（　）

13 音吐□□ 〔ア朗朗　イ郎郎　ウ浪浪　エ労労〕（　）
意味 音声が豊かではっきりしているさま。

14 朝三□□
〔ア 母子　イ 暮四　ウ 簿紙　エ 墓誌〕（　　）

15 破顔□□
ヒント 「破顔」は顔をほころばせること。
〔ア 一生　イ 一勝　ウ 一笑　エ 一章〕（　　）

16 □□垂範
〔ア 卒先　イ 卒鮮　ウ 率鮮　エ 率先〕（　　）

17 □□無事
〔ア 平温　イ 並穏　ウ 平穏　エ 並温〕（　　）

18 □□足熱
ヒント 健康によいとされる状態をいう。
〔ア 図鑑　イ 頭間　ウ 頭感　エ 頭寒〕（　　）

19 夏炉□□
意味 無用なもの、役に立たないもののたとえ。
〔ア 当千　イ 冬扇　ウ 東線　エ 当選〕（　　）

20 □□棒大
〔ア 心象　イ 信賞　ウ 針少　エ 針小〕（　　）

21 本末□□
〔ア 転倒　イ 店頭　ウ 点灯　エ 天塔〕（　　）

22 公平□□
〔ア 無視　イ 夢死　ウ 夢志　エ 無私〕（　　）

23 優柔□□
〔ア 普段　イ 父談　ウ 浮壇　エ 不断〕（　　）

24 □□白日
意味 心にやましいことが全くないことのたとえ。
〔ア 晴天　イ 青天　ウ 清天　エ 静天〕（　　）

25 老成□□
〔ア 炎熟　イ 縁熟　ウ 円熟　エ 遠熟〕（　　）

26 □□自賛
〔ア 自我　イ 自画　ウ 自賀　エ 自雅〕（　　）

ONE Point

四字熟語は由来まで調べよう！

中国や日本の故事・古典から生まれてきた四字熟語は、意味だけでなく、その来歴まで調べると理解が深まります。

練習 1

実施日

解答は別冊P.16

2 次の――線のカタカナを漢字に直して（　）に記し、文中の四字熟語を完成せよ。

1 ゲイ飲馬食をして体調を崩した。（　）
意味 一度にたくさん飲み食いすること。「暴飲暴食」と同じ意味。

2 事件は一件落チャクしたようだ。（　）

3 姉は喜ド哀楽が激しい。（　）

4 弟は満点を取って得意満メンだ。（　）
ヒント 「喜色満メン」の「満メン」でもある。

5 心頭滅キャクすれば火もまた涼《すず》し。（　）

6 タン大心小な主将が求められる。（　）

7 刻苦勉レイして合格を目指した。（　）
意味 非常に苦労して、ひたすら仕事や勉学にはげむこと。

8 前途ユウ望な一年生が入部した。（　）

9 器用貧ボウの域を出なかった。（　）

10 コウ機到来と支店を増やした。（　）
ヒント 似た意味に「時節到来」がある。

11 固定カン念に縛られるな。（　）

12 昔の人は不ロウ長寿の薬を求めた。（　）

13 名優の一生は八乱万丈だった。（　）
意味 物事の変化がきわめて激しいこと。

14 ギュウ歩戦術で抵抗を試みる。（　）
意味 議会で審議を引きのばすために、投票の時などにゆっくり歩く戦術。

15 島で自キュウ自足の生活をする。（　）

16 モン外不出の名画が展覧される。（　）

17 前後不カクになるまで飲むな。（　）

18 シン進気鋭の小説家が受賞した。（　）

19 急転チョッ下、暴動は終息した。（　）

20 流行がソ製濫造を招くこともある。（　）
ヒント 「ソ」と「濫」が似た意味の字になる構成に注目。

21 遅刻が日常茶ハンでは困る。（　）

22 キ急存亡のときを迎える。（　）

23 注意も馬ジ東風と聞き流す。（　）

24 両国は**一ショク即発**の状態だ。

25 その事故は**不カ抗力**だといえよう。
意味 人の力ではどうすることもできない、大きな力。

26 革命が起き、**物情ソウ然**としている。

27 部長の降格も**因果応ホウ**だ。

28 **ヒ願達成**まであと一歩となった。

29 **環キョウ破壊**に警鐘を鳴らす。

30 蔵書を**二束三モン**で売り払った。

31 彼が間違うとは**千慮一シツ**だ。
ヒント 「千慮」は多くの考え。対応する語に「千慮一得」がある。

32 着任当時は**五里ム中**だった。

33 **キン急事態**に備えておこう。

34 父は**単身フ任**している。

35 **現状維ジ**では満足できない。

36 **先ユウ後楽**の精神で執政する。
意味 国については人より先に心配し、楽しむのは後からという心掛け。

37 梅干しを見て**条件反シャ**で唾《つば》が出る。

38 **白砂青ショウ**の海岸線が続く。
意味 美しい海岸の景色。

39 彼は**薄シ弱行**で腰が引けている。

40 店が**千キャク万来**の大盛況だ。

41 年相応の**思慮フン別**が欲しい。

42 多数派の意見に**付ワ雷同**する。

43 **生殺与ダツ**は親会社に握られている。
意味 他のものを自分の思うままに支配すること。

44 講師は**理路セイ然**と説明した。

45 **リン機応変**な対応に努める。

ONE Point

上の二字と下の二字が似た意味で対応している四字熟語

自由 自在	無念 無想
広大 無辺	日進 月歩

練習 2

実施日

解答は別冊P.17

1 次の――線のカタカナを漢字に直して（　）に記し、文中の四字熟語を完成せよ。

注 1 組織のシンチン代謝を活発にする。（　）
2 人の好みは千差バンベツだ。（　）
3 セイレン潔白な政治家を望む。（　）
4 事後ショウダクにならぬよう努める。（　）
5 計画は空中ロウカクに終わった。（　）
注 6 試行サクゴの末に完成した。（　）
難 7 天衣ムホウで優れた作品だ。（　）
8 シンショウ必罰が社長の方針だ。（　）
難 9 茶道でワケイ清寂を体現したい。（　）

10 祖父はセイコウ雨読の毎日だ。（　）
難 11 この地区は某企業の金城トウチだ。（　）
12 一刀リョウダンに案件を裁いた。（　）
13 キシ回生の逆転打を放つ。（　）
14 デンコウ石火の早業に感心する。（　）
15 絵からセンザイ意識を読み取る。（　）
16 初対面から意気トウゴウした。（　）
17 真心のないビジ麗句に興ざめする。（　）
18 ケイコウ牛後で会社をおこした。（　）
19 何事もソウイ工夫が大切である。（　）
20 一心フランに練習をした。（　）
難 21 明鏡シスイの心境に達する。（　）
22 合格を目指しフンレイ努力した。（　）
23 カチョウ風月を友として暮らす。（　）

24 危機イッパツのところを救われた。（　　）
25 校長は温厚トクジツな人柄だ。（　　）
26 有為テンペンは世のならいだ。（　　）
27 かつての名門もコジョウ落日だ。（　　）
28 党員は同床イムでまとまらない。（　　）
29 ブンジン墨客に愛された温泉だ。（　　）
30 深山ユウコクに迷い込んだ。（　　）
31 部下に裏切られ、ドハツ衝天した。（　　）
32 リモコンでエンカク操作する。（　　）
33 一石ニチョウの妙案を思い付く。（　　）
34 神出キボツの怪盗が現れる。（　　）
35 空前ゼツゴの大ブームとなる。（　　）
36 何事にもヨウイ周到な人だ。（　　）
注 37 審査員がイク同音にほめあげた。（　　）

38 慣れない仕事にアクセン苦闘する。（　　）
難 39 景気は依然アンウン低迷している。（　　）
注 40 コウゲン令色に不信感が募る。（　　）
41 出品作は同工イキョクだった。（　　）
42 事件はシュウジン環視の中で起きた。（　　）
43 オウキュウ処置でその場をしのぐ。（　　）
44 ダイタン不敵な戦法をとった。（　　）
45 独断センコウで周囲の反感を買う。（　　）

ONE Point

上の二字と下の二字が反対の意味で対応している四字熟語

半死｜半生　弱肉｜強食　外柔｜内剛

練習 2

解答は別冊P.18

実施日

2 次の――線のカタカナを漢字に直して（　）に記し、文中の四字熟語を完成せよ。

1 夢がかなってカンガイ無量だ。（　）
2 行雲リュウスイの日々を送る。（　）
難 3 博覧キョウキの学者に教えを求める。（　）
4 事件の一部シジュウを目撃した。（　）
5 横綱は意気ヨウヨウと引きあげた。（　）
6 情報の取捨センタクが必要だ。（　）
7 朗報に不安が雲散ムショウした。（　）
難 8 タキ亡羊として方針が定まらない。（　）
9 スイセイ夢死の一生を過ごすな。（　）

10 温故チシンの気持ちで研究に励む。（　）
11 情報技術は今やニッシン月歩だ。（　）
12 法王の高論タクセツに触れる。（　）
13 ゴンゴ道断の仕打ちに怒る。（　）
14 キュウタイ依然とした組織を改める。（　）
難 15 あの夫婦はまさに比翼レンリだ。（　）
16 新企画の利害トクシツを議論する。（　）
17 どの意見も大同ショウイだった。（　）
18 連鎖ハンノウのように倒産が続いた。（　）
19 大器バンセイの書家として有名だ。（　）
20 ケンボウ術数にたけた政治家だ。（　）
注 21 タントウ直入に用件を切り出す。（　）
22 カンキュウ自在な投球術を見せる。（　）
23 平身テイトウして謝り続けた。（　）

24 **ムガ夢中**で読書をした。

注 25 **ジョウイ下達**の企業風土を改める。

26 市場の**モンコ開放**を求める。

27 その解釈は**ガデン引水**に過ぎる。

28 政党が**離合シュウサン**を繰り返す。

29 **無味カンソウ**な話ばかりで退屈だ。

30 兄は**直情ケイコウ**な性格だ。

31 **天下ムソウ**の剣豪を自負する。

32 **片言セキゴ**も聞き漏らさない。

33 優勢でも**油断タイテキ**だ。

34 世に**完全ムケツ**はありえない。

注 35 **シンキ一転**、留学を目指す。

36 **センセイ攻撃**で出ばなをくじく。

37 **ヨウシ端麗**な女優に見とれる。

38 **リッシン出世**を夢見ていた。

39 **順風マンパン**の人生を歩む。

40 国境に**カンショウ地帯**を設ける。

41 彼の回答は**単純メイカイ**だった。

難 42 老教授は**シソウ堅固**に自説を貫いた。

43 **天変チイ**が続いて不安が高まる。

44 改革には**ジュクリョ断行**を要する。

難 45 **無為トショク**の日々を省みる。

ONE Point

上と下の熟語が
主語・述語の関係になっている四字熟語

主客｜転倒　意味｜深長　機会｜均等

練習2

実施日 ／

解答は別冊P.19

3

次の□内に入る適切な語を後の□の中から選び、**漢字に直して四字熟語を完成せよ。**

1 千紫□紅
2 狂喜□舞
3 勇猛果□
4 二律背□ (難)
5 □立無援
6 奇□天外
7 □雄割拠 (注)
8 粒粒□苦
9 失望落□
10 冷汗三□ (難)

かん・ぐん・こ・しん・そう
たん・と・はん・ばん・らん

4

次の□内に入る適切な語を後の□の中から選び、**漢字に直して四字熟語を完成せよ。**

1 円転□脱
2 鬼面□心
3 自暴自□
4 意□薄弱 (注)
5 難□不落
6 大□名分
7 □象無象
8 無病息□ (難)
9 南□北馬
10 時代□誤

う・かつ・き・ぎ・こう
さい・さく・し・せん・ぶっ

5

次の□内に入る適切な語を後の□の中から選び、**漢字に直して四字熟語**を完成せよ。

1 深□遠慮
2 □息吐息
3 全身全□
4 流言□語
5 換骨奪□
6 変□自在
7 難 経世済□
8 悪口□言
9 当代□一
10 □者必滅

あお・げん・しょう・ずい・ぞう・たい・ひ・ぼう・みん・れい

6

次の□内に入る適切な語を後の□の中から選び、**漢字に直して四字熟語**を完成せよ。

1 □人薄命
2 注 支離滅□
3 古今東□
4 明□快活
5 □軍奮闘
6 面目躍□
7 終始一□
8 和□洋才
9 玉石混□
10 難 □辺談話

か・かん・こ・こう・こん・ざい・じょ・れつ・ろ・ろう

ONE Point

上と下の二字もそれぞれ反対の意味を持ち、かつ上と下の熟語が対応している四字熟語

利害｜得失　理非｜曲直　治乱｜興亡

漢検おもしろゼミ06

漢字の読みを正しく伝える決めワザ

「生きる」か「生ける」か、それが問題だ！

明治時代の文学作品を読んだときに、現在なら基本的には「生まれる」と書くべきところが「生れる」と書いてあって、とまどった経験はありませんか。これは、作品が書かれた当時、「送りがな」の決まりが定まっていなかったために、「生れる」とも書かれていたことが原因です。

では、送りがなの決まりがないと、どのようなことが起こるのでしょう。前後に文章がなく、ただ「生る」とだけ書いてあったとき、「いきる」と読むのか「いける」と読むのか、もしくは「はえる」と読むのか、見当がつきません。また「うまれる」を「生る」と書く人もいるかもしれません。「生きる」「生ける」「生える」「生まれる」と、送りがなが正しくつけられているからこそ、正しく読み手に伝わるのです。

次に、「上」という漢字でも考えてみましょう。「二階に上る」とあれば、「二階にあがる」「二階にのぼる」と二通りの読み方ができます。これらは同じ意味になるので問題ありませんが、もし「あげる」のつもりで「二階に上る」と書いたとしたら、どうでしょうか。前後にほかの言葉があったとしても、これでは誤解が生じてしまいます。

読み手を混乱させせないためにも、送りがなを適切につけることが重要です。

内閣告示「送り仮名の付け方」

昭和四十八年六月十八日
昭和五十六年十月一日　一部改正
平成二十二年十一月三十日　一部改正

通則1　「単独の語」における「活用のある語」

本則　活用のある語（通則2を適用する語を除く。）は、活用語尾を送る。

例
憤《いきどお》る　承《うけたまわ》る　書く　実《みの》る　催《もよお》す　生きる
陥《おとしい》れる　考える　助ける……………動詞
荒い　潔《いさぎよ》い　賢い　濃い……………形容詞
主だ……………………………………形容動詞

例外

①語幹が「し」で終わる形容詞は、「し」から送る。

例
著しい　惜《お》しい　悔《くや》しい　恋しい　珍しい

②活用語尾の前に「か」、「やか」、「らか」を含む形容動詞は、その音節から送る。

例
暖かだ　細かだ　静かだ　穏《おだ》やかだ
健《すこ》やかだ　和《なご》やかだ　明らかだ
平《たい》らかだ　滑《なめ》らかだ　柔《やわ》らかだ

「送りがな」とは

漢字を訓読みする場合、多くは、動詞・形容詞・形容動詞など活用のある語（用言）の活用語尾や、それら用言の連用形などからできた名詞の語尾などを明示するために、漢字にかなを添えて書き表します。こうした漢字の補助として使われる「かな」を「送りがな」といいます。

もともと「送りがな」は、漢文を日本語に訳すときに、日本語での読み方を示すために、原文の漢字のそばに書き添えたものでした。書き添えたものは、書いた人自身の「メモ」のようなもので、その人がわかればよしとされていました。また、前後の文脈から別の読みの可能性がなければ、わざわざつける必要はないとされ、特に決まりもなく軽く扱われてきたものだったのです。このように、意味が通れば送りがなは気にしないという時代は長く続きました。だから、「生まれる」が「生れる」とも書かれていたのです。

長い間あいまいだった送りがなのつけ方は、明治時代以降、読む人が読み方を間違えないことを目的に、何度かルール化が試みられました。現在の「送りがな」のつけ方に関する決まりは昭和48年に告示されたもので、その後、昭和56年および平成22年に一部が改正されています。

「送りがな」のつけ方

文章の意味をはっきりとさせるために必要な送りがなは、前述の内閣告示「送り仮名の付け方」によっています。漢検での出題と関連の深い「活用のある語」については、下段を参考にしてください。活用語の場合は、特に語幹と活用語尾を意識することが大切なポイントになります。

③次の語は、次に示すように送る。

明らむ　味わう　哀《あわ》れむ　慈《いつく》しむ　教わる
脅《おど》かす　脅《おびや》かす　関わる　食《く》らう　異なる
逆《さか》らう　捕まる　群がる　和《やわ》らぐ　揺《ゆ》する
明るい　危《あぶ》ない　危《あや》うい　大きい　少ない
小さい　冷たい　平《ひら》たい　新ただ　同じだ
盛んだ　平《たい》らだ　懇《ねんご》ろだ　惨《みじ》めだ　哀《あわ》れだ
幸《さいわ》いだ　幸《しあわ》せだ　巧みだ

許容 次の語は、（　）の中に示すように、活用語尾の前の音節から送ることができる。

表す（表わす）　著《あらわ》す（著わす）
現れる（現われる）　行《おこな》う（行なう）
断《ことわ》る（断わる）　賜《たまわ》る（賜わる）

注意 語幹と活用語尾との区別がつかない動詞は、例えば、「着る」、「寝る」、「来る」などのように送る。

通則2

本則 活用語尾以外の部分に他の語を含む語は、含まれている語の送り仮名の付け方によって送る。（含まれている語を〔　〕の中に示す。）

例 ①動詞の活用形又はそれに準ずるものを含むもの。

動かす〔動く〕　照らす〔照る〕
語らう〔語る〕　計らう〔計る〕
向かう〔向く〕　浮かぶ〔浮く〕

1 活用のある語は、活用語尾を送る。(通則1の本則による)

通則2を適用する語は除きますが、動詞なら「承る」「生きる」「助ける」のように送ります。形容詞なら「荒い」「賢い」、形容動詞なら「主だ」のように送ります。ただし、これには次のような例外もあります。

・「悔しい」のように、語幹が「し」で終わる形容詞は「し」から送る。

・「穏やかだ」「滑らかだ」のように、活用語尾の前に「か」、「やか」、「らか」を含む形容動詞は、その音節から送る。

また、誤読を避けるために、活用語尾の一つ前の音節から送るという例外もあります。(「哀れむ」「和らぐ」「危ない」「危うい」「巧みだ」など)

2 活用語尾以外の部分に他の語を含む語は、含まれている語の送り仮名の付け方によって送る。(通則2の本則による)

「おさえる」という動詞は、「押す」という動詞の未然形「押さ」を含んでいます。ですから、そのまま「押さえる」と送るという意味です。また、「怪しむ」(↑怪しい)や「柔らかい」(↑柔らかだ)のように、形容詞や形容動詞の語幹を含むもの、「後ろめたい」(↑後ろ)のように名詞を含むものなども、これに当てはまります。

3 名詞は、送り仮名を付けない。(通則3の本則による)

「花」「鳥」「男」「女」など活用のない語には、送りがなはつけません。ただし、「哀れ」「互い」「斜め」など、例外として最後の音節を送るものもあります。また、数をかぞえる「つ」を含む名詞は「一つ」「幾つ」のように、その「つ」を送ります。

4 活用のある語から転じた名詞及び活用のある語に「さ」、「み」、「げ」などの接尾語が付いて名詞になったものは、もとの語の送り仮名の付け方によって送る。(通則4の本則による)

生まれる〔生む〕　押さえる〔押す〕
捕らえる〔捕る〕　勇ましい〔勇む〕
輝かしい〔輝く〕　喜ばしい〔喜ぶ〕
晴れやかだ〔晴れる〕　及ぼす〔及ぶ〕
積もる〔積む〕　聞こえる〔聞く〕
頼もしい〔頼む〕　起こる〔起きる〕
落とす〔落ちる〕　暮らす〔暮れる〕
冷やす〔冷える〕　当たる〔当てる〕
終わる〔終える〕　変わる〔変える〕
集まる〔集める〕　定まる〔定める〕
連なる〔連ねる〕　交わる〔交える〕
混ざる・混じる〔混ぜる〕
恐ろしい〔恐れる〕

② 形容詞・形容動詞の語幹を含むもの。

重んずる〔重い〕　若やぐ〔若い〕
怪しむ〔怪しい〕　悲しむ〔悲しい〕
苦しがる〔苦しい〕　確かめる〔確かだ〕
重たい〔重い〕　憎らしい〔憎い〕
古めかしい〔古い〕　細かい〔細かだ〕
柔らかい〔柔らかだ〕　清らかだ〔清い〕
高らかだ〔高い〕　寂しげだ〔寂しい〕

動詞「代わる」から転じた「代わり」、「香る」から転じた「香り」、あるいは、形容詞「暑い」から転じた「暑さ」、「惜しい」から転じた「惜しげ」などは、もとの語に基づいて送るということです。ただし、例外として「趣」「畳」などのように、送りがなをつけない語もあります。

5 副詞・連体詞・接続詞は、最後の音節を送る。(通則5の本則による)

「既に」(副詞)、「来《きた》る」(連体詞)、「及び」(接続詞)のように送るという意味です。例外として「大いに」「直ちに」「並びに」などがあり、「又《また》」には送りがなをつけません。さらに、「絶えず」は「絶える」を含む語なので、含まれている語の送りがなのつけ方によって送ります。

6 複合の語の送り仮名は、その複合の語を書き表す漢字の、それぞれの音訓を用いた単独の語の送り仮名の付け方による。(通則6の本則による)

例えば「若い」「返る」、「聞く」「苦しい」のように送るので、その複合の語も「若返る」「聞き苦しい」と、それぞれの送りがなにしたがって送ります。活用のない語も同じで、「合わせ鏡」「伸び縮み」などと送ります。ただし、通則7を適用する語は除きます。

7 複合語の名詞のうち、地位・身分・役職等の名や、工芸品の名に用いられた「織」、「染」、「塗」など、特定の領域の語や、一般に慣用が固定していると認められるものには、送り仮名を付けない。(通則7による)

役職名の「取締役《とりしまりやく》」、工芸品の「備前焼《びぜんやき》」、慣用が固定していると認められる「植木」「置物」「日付」などは送りがなをつけないということです。

このように、送りがなは基本的なつけ方が決まっています。いろいろな例外や許容も認められていますが、まずは基本をきちんと押さえたいものです。

③名詞を含むもの。

汗ばむ〔汗〕　先んずる〔先〕
春めく〔春〕　男らしい〔男〕
後ろめたい〔後ろ〕

許容 読み間違えるおそれのない場合は、活用語尾以外の部分について、次の( )の中に示すように、送り仮名を省くことができる。

例
浮かぶ(浮ぶ)　生まれる(生れる)
押さえる(押える)　捕らえる(捕える)
晴れやかだ(晴やかだ)
積もる(積る)　聞こえる(聞える)
起こる(起る)　落とす(落す)
暮らす(暮す)　当たる(当る)
終わる(終る)　変わる(変る)

注意 次の語は、それぞれ〔 〕の中に示す語を含むものとは考えず、通則1によるものとする。

明るい〔明ける〕　荒い〔荒れる〕
悔《くや》しい〔悔《く》いる〕　恋しい〔恋う〕

※振りがなのついた漢字は準2級以上の字、高校で学習する読み方をする字です。また、同じ字で異なる読み方をする字や、読みにくい字にも振りがなをつけています。

ウォーミングアップ

実施日

解答は別冊P.20

1 次の語を漢字と送りがなに直したとき、正しく表記しているものをそれぞれア・イから選び、その記号を（　）に記せ。

1 こらす　ア 凝す　イ 凝らす　（　）

2 あらたまる　ア 改まる　イ 改たまる　（　）

3 たしかめる　ア 確める　イ 確かめる　（　）

4 こころみる　ア 試る　イ 試みる　（　）

5 まじる　ア 混る　イ 混じる　（　）

6 ほがらか　ア 朗か　イ 朗らか　（　）

7 かえりみる　ア 省みる　イ 省りみる　（　）

8 ささえる　ア 支る　イ 支える　（　）

9 うらなう　ア 占う　イ 占なう　（　）

10 やわらかい　ア 柔かい　イ 柔らかい　（　）

11 したがう　ア 従う　イ 従がう　（　）

12 たがやす　ア 耕す　イ 耕やす　（　）

13 つらなる　ア 連なる　イ 連らなる　（　）

14 はたらく
ア 働く
イ 働らく
（　）

15 はずかしい
ア 恥かしい
イ 恥ずかしい
（　）

16 あやまる
ア 謝る
イ 謝まる
（　）

17 のがれる
ア 逃れる
イ 逃がれる
（　）

18 あぶない
ア 危い
イ 危ない
（　）

19 ひさしい
ア 久しい
イ 久さしい
（　）

20 いとなむ
ア 営む
イ 営なむ
（　）

21 まぎらわしい
ア 紛わしい
イ 紛らわしい
（　）

22 きたる
ア 来る
イ 来たる
（　）

23 くやしい
ア 悔しい
イ 悔やしい
（　）

24 きわめる
ア 究める
イ 究わめる
（　）

25 うらめしい
ア 恨しい
イ 恨めしい
（　）

ONE Point

送りがなの本則と許容の例

・はれやかだ ｛晴れやかだ（本則）／晴やかだ（許容）｝
・はれ ｛晴れ（本則）／晴（許容）｝

いずれで記述しても○ですが、まずは本則で覚えましょう。

練習 1

実施日 ／

解答は別冊P.20

1

次の――線の漢字を例にしたがって**終止形の訓読みにし、送りがなはひらがなで**（　　）に記せ。

（例）祝福（祝う）

1 殴打（　　）

2 奉仕（　　）　ヒント 下一段活用の動詞。

3 企画（　　）

4 回顧（　　）

5 慎重（　　）

6 粗略（　　）　ヒント「荒」と同じ訓。

7 覚悟（　　）

8 珍味（　　）　ヒント 語幹が「し」で終わる形容詞。

9 欠乏（　　）　ヒント 語幹が「し」で終わる形容詞。

10 賢明（　　）　ヒント 活用語尾を送るタイプの形容詞。

2

次の漢字を例にしたがって**終止形の訓読みに**し、**送りがなの部分**には――線をつけよ。

（例）握（にぎる）

1 唱（　　）　ヒント 下一段活用の動詞。

2 漂（　　）

3 注（　　）

4 致（　　）

5 辛（　　）　ヒント 語幹が「し」で終わらないタイプの形容詞。

6 被（　　）　ヒント「被害」と熟語にしてその構成から読みをとらえる。

7 扱（　　）　ヒント 訓読みしかない漢字。

8 抑（　　）

9 忙（　　）　ヒント 語幹が「し」で終わる形容詞。

10 責（　　）

3 次の――線の**カタカナ**を**漢字と送りがな(ひらがな)**に直せ。

(例) 質問にコタエル。　（答える）

1 大掃除でくたくたにツカレた。（　）
2 先生に意見をウカガウ。（　）
3 朝から雲行きがアヤシイ。（　）
4 出番まで舞台裏でヒカエル。（　）
意味 順番に備えて待つ。
5 秋に学習発表会をモヨオス。（　）
6 重要な案件を会議にハカル。（　）
7 課題の提出期限がセマル。（　）
8 人魚姫の結末はアワレダと思う。（　）
9 状況は彼がクワシク知っている。（　）
10 風でカーテンがユレル。（　）
11 姉は来年トツグことになった。（　）
12 牧場で牛乳をシボル体験をした。（　）
13 罪を心の底からクイル。（　）
14 雨で階段がスベルので気を付ける。（　）
15 成功を目指して初志をツラヌク。（　）
16 ユルヤカナ下り坂を歩く。（　）
17 今日は冬をアザムク暖かさだ。（　）
意味 間違って意識させること。
18 オロカナ言い訳だと非難された。（　）
19 新学期の目標をカカゲル。（　）
20 事業の拡大で人をヤトウ。（　）

ONE Point

送りがなの許容の可否をチェック!

「動き・調べ・近く・遠く」など、活用のある語から転じた名詞には、もとの語に準じて送りがなをつけますが、「曇り・届け・願い・狩り・祭り」などは、読み間違えるおそれのない場合、送りがなを省いてもかまいません。

練習2

実施日

解答は別冊P.20

1 次の――線のカタカナを漢字と送りがな（ひらがな）に直せ。

（例）質問にコタエル。（答える）

1 今月はアキナイが増えた。
2 手土産をタズサエて訪問する。
3 兄のタノモシイ言葉に安心した。
4 銀行にお金をアズケル。
5 しょう油を少しタラス。
6 検定の合格をヨロコブ。
7 注 オサナイ言動を注意された。
8 人生をサトルにはまだ早い。
9 高齢者をウヤマウ。
10 あまりの寒さに体がコゴエル。
11 ゴルフにはカタイボールが使われる。
12 弟の話はどうもウタガワシイ。
13 作戦会議で知恵をシボル。
14 身をケズルような努力をする。
15 法のサバキを受ける。
16 難 短期間でイチジルシク進歩した。
17 注 最初の判断をアヤマル。
18 悲惨な光景に目をソムケル。
19 職人が丹念に細工をホドコス。
20 夕日が街を赤くソメル。
21 難 年末は何かとアワタダシイ。
22 昨夜の雨で土がシメル。
23 たった一夜で城をキズク。
24 好きな歌を聴いて心をウルオス。
25 湖にノゾム宿に泊まる。

26 エサに水鳥がムラガル。

27 マズシイ生活に耐える。

28 オダヤカナ天候が続いている。

29 勝手な行動をイマシメられた。

30 カロウジテ朝礼に間に合った。

31 体力がオトロエル前に運動しよう。

難 32 参加をシイルのはよくない。

33 運転中は注意をオコタルな。

34 苦労の末に成長をトゲル。

難 35 イベントの開催がアヤブマれた。

36 キヨラカナ泉の水をくむ。

37 知識を先生からサズカル。

38 投手の早すぎる引退をオシム。

39 彼の心にヒソム情熱は本物だ。

40 ごみをヘラスことを心掛ける。

難 41 式場のオゴソカナ空気に息をのむ。

42 互いに技の美しさをキソウ。

43 関係者は一様に口をトザシた。

44 売買契約の解除をツゲル。

45 カロヤカニステップを踏む。

46 セーターのほころびをツクロウ。

47 その写真は画質がアライ。

48 友と深夜までカタラウ。

49 敵をニクムことは解決にならない。

50 人を見る目をヤシナウ。

ONE Point

複合語の送りがなの省略

「打ち合わせる→打ち合せる・打合せる」「申し込む→申込む」「落書き→落書」などは送りがなの省略を許容されています。

練習 2

実施日

解答は別冊P.21

2 次の——線のカタカナを漢字と送りがな(ひらがな)に直せ。

(例) 質問にコタエル。 (答える)

1 国家の発展をウナガス発明だ。
2 体力を気力でオギナウ。
3 ワザワイを福に転じよう。
4 事故で交通がトドコオル。
5 夢をウバウような事件だ。
6 刀匠が刀をキタエル。
7 諮問委員会をモウケル。
8 熱い思いを胸にヒメル。
9 部屋の中がチラカル。
10 思いがけない来客にアワテル。

注 11 タダチニ現場に向かいます。
12 絶好のチャンスがオトズレル。
13 成果が出るまでネバル主義だ。
14 たまった古新聞をひもでシバル。
15 名指揮者がヒキイル楽団だ。
16 自由には責任がトモナウ。
17 心のオモムクままに旅をする。
18 表情がみるみるケワシクなった。
19 赤ん坊のスコヤカナ成長を願う。
20 四人前の料理をタイラゲた。
難 21 熱いお茶をサマシて飲む。
22 留学のために会社をヤメル。
23 炊けたご飯を少しムラシた。
24 理事の一人に名をツラネル。
25 試合前の準備運動をカカサない。

26 残雪が春先の山頂を**オオウ**。（　　　）

27 父は息子に**キビシク**接した。（　　　）

28 新規会員を**ツノル**ことにした。（　　　）

29 難 医学の道を**ココロザス**。（　　　）

30 恩師を父のように**シタウ**。（　　　）

31 菜園のトマトの葉が**チヂレル**。（　　　）

32 安眠を**サマタゲル**騒音だ。（　　　）

33 怪しい物音に身**ガマエル**。（　　　）

34 **スミヤカナ**対応に好感を抱く。（　　　）

35 期待に胸が**フクラム**。（　　　）

36 案内係が会場に**ミチビク**。（　　　）

37 月が夜道を**テラシ**ている。（　　　）

38 難 リボンで髪を**ユワエル**。（　　　）

39 昼食を菓子パンで**スマセル**。（　　　）

40 古代文明は**ホロビル**運命にあった。（　　　）

41 反省して態度を**アラタメル**。（　　　）

42 この町は漁業が**サカンダ**。（　　　）

43 思いがけない朗報に笑みが**モレル**。（　　　）

44 難 思春期で訳もなく親に**サカラウ**。（　　　）

45 難 成績が最下位とは**ナゲカワシイ**。（　　　）

46 **ココロヨク**引き受けてくれた。（　　　）

47 甘い言葉に**マドワサ**れるな。（　　　）

48 しかられた妹を**ナグサメル**。（　　　）

49 反対意見を**シリゾケル**。（　　　）

50 かつては城下町として**サカエ**た。（　　　）

ONE Point

送りがなをつけない語例

「取締役」「消印」「日付」「申込書」「物語」「乗組員」などは送りがなをつけません。

漢検おもしろゼミ07

意味の違いで漢字を見分けよう！

「貴社」の「記者」は「汽車」で「帰社」しました！

日本語には、発音が同じで表記（漢字）の異なる言葉が非常に多くあります。発音が同じ「キシャ」でも、「貴社」「記者」「汽車」「帰社」と、全く異なる意味を持つ語がこんなにも。しかし、私たちは文の流れからどの「キシャ」にどの漢字を当てればよいのか、瞬時に判断しています。それは国語力、語彙《ごい》力《りょく》による判断なのです。

同音異字

音《おん》が同じで、意味の異なる漢字を「**同音異字**」といいます。

3級で「コウ」と音読みする漢字から始まる熟語を挙げてみましょう。

巧妙・甲乙・坑道・拘束・郊外・綱要　などなど

漢字全体では、気が遠くなるほど「コウ」の「同音異字」が存在します。正しく使い分けるには、文の前後関係から熟語の意味を判断する必要があります。漢字の訓読みをヒントにし、訓読みがない漢字は、同じ字を使った別の熟語に置き換えて考えてみてもよいでしょう。「同音異字」

同音異字の例

「コウ」で始まる熟語

口実・工業・公園・功績・広告・交際
光栄・向上・好感・考慮・行楽・孝行
抗争・更生・効果・幸福・後者・厚生
皇帝・紅白・荒野・香水・校正・耕作
航空・降下・高速・黄砂・港湾・項目
鉱物・構造　など

同訓異字と熟語の例

あう
- 合　合致・照合
- 会　会議・集会
- 遭　遭難・遭遇

うつ
- 打　打倒・連打
- 討　討伐・掃討
- 撃　撃退・攻撃

たつ
- 絶　絶滅・隔絶
- 裁　裁縫・裁断
- 断　断念・決断

のぼる
- 上　上陸・向上
- 登　登山・登場
- 昇　昇級・上昇

は、字義を正しく理解することが重要です。そのためには〝意味の違いで漢字を見分ける〟訓練が効果的です。

同訓異字

訓が同じで意味が異なる漢字を「**同訓異字**」(または「**異字同訓**」)といいます。

①実現に「**つとめる**」。
②会社に「**つとめる**」。
③司会を「**つとめる**」。

例文はいずれも「**つとめる**」ですが、意味が異なるため漢字も異なります。①は「力を抜かずにがんばる」という意味で「努める」、②は「精を出してこまめに働く」という意味で「勤める」、③は「やらねばならない仕事を受け持つ」という意味で「務める」が正解です。

同訓異字を正しく使い分けるためには、その漢字の意味を理解するとともに、①「努力」、②「勤労・出勤」、③「職務・任務」など、その漢字を使った熟語を思い浮かべるとよいでしょう。

同音異義語

音《おん》が同じで意味が異なる熟語が「**同音異義語**」です。

①作家として「**タイセイ**」する。(**成功を収める**) ⇒大成
②反対意見が「**タイセイ**」を占める。(**おおよその形勢**) ⇒大勢
③資本主義「**タイセイ**」。(**集団・国家の様式**) ⇒体制
④受け入れ「**タイセイ**」。(**状況に対処するための構え**) ⇒態勢

文の意味を正しく読み取り、当てはまる熟語を想定することが大切です。

おさめる

収　収拾・収蔵
納　納品・納税
治　政治・治水
修　修得・必修

同音異義語の例

いこう

遺稿　死後に残された未発表の原稿
威光　人を服従させる力や威厳
意向　どうするつもりかという考え

いんけん

陰険　陰気でたくらみの多いさま
隠見　見えたり隠れたりすること
引見　地位の高い人が目下の者と対面すること

きょうい

驚異　不思議で驚くべきこと
脅威　脅かされて感じる恐怖

そくせい

促成　植物などを人工的に早く生長させること
速成　物事をはやく成し遂げること
即製　その場ですぐに作ること

ウォーミングアップ

実施日

解答は別冊P.21

1 次の——線のカタカナにあてはまる漢字をそれぞれア・イから選び、記号を（　）に記せ。

1 勢力が**スイ**退する。（　）
2 先輩に心**スイ**する。（　）
（ア 衰　イ 酔）

3 家**チク**を飼っている。（　）
4 情報を**チク**積する。（　）
（ア 畜　イ 蓄）

5 卑**レツ**な手段に怒る。（　）
6 細胞が分**レツ**する。（　）
（ア 劣　イ 裂）

7 観客は**ユウ**に一万人を超えた。（　）
8 業界の**ユウ**として知られる。（　）
（ア 雄　イ 優）

9 候補者として**ヨウ**立する。（　）
10 景気の浮**ヨウ**を願う。（　）
（ア 揚　イ 擁）

11 高山では空気が希**ハク**だ。（　）
12 気**ハク**に満ちた試合だ。（　）
（ア 迫　イ 薄）

13 政権が**ホウ**壊する。（　）
14 巨匠の作品を模**ホウ**する。（　）
（ア 崩　イ 倣）

15 **カ**麗な衣装をまとう。（　）
16 それは**カ**空の話だ。（　）
（ア 架　イ 華）

2

次の——線のカタカナにあてはまる漢字をそれぞれア・イから選び、記号を（　）に記せ。

1 母とおばはよくニている。（　）

2 根菜をだしでニる。（　）

（ア 煮　イ 似）

3 敵ウちともいえる試合だ。（　）

4 初球からウって出た。（　）

（ア 討　イ 打）

5 火山が煙をフく。（　）

6 鯨が潮をフく。（　）

（ア 吹　イ 噴）

7 人の道をトく。（　）

8 早速荷物をトく。（　）

（ア 説　イ 解）

9 穴をホって思い出の品を埋めた。（　）

10 版木を一心にホった。（　）

（ア 彫　イ 掘）

11 布地をていねいにタつ。（　）

12 完全に消息をタった。（　）

（ア 絶　イ 裁）

13 宿題はスませた。（　）

14 スました顔をしている。（　）

（ア 済　イ 澄）

ONE Point

同音・同訓異字を使い分けるにはまず…

同じ読みでも意味の異なる漢字を正しく識別するには、漢字そのものが持つ意味を正しく理解し覚えることが大切です。

練習1

実施日　／

解答は別冊P.21

1 次の――線の**カタカナ**にあてはまる漢字をそれぞれ**ア～オ**から選び、**記号**を（　　）に記せ。

1 **ヒ**近な例で説明する。（　　）
意味「ヒ近」＝身近でわかりやすいさま。

2 俳人の故郷に句**ヒ**が建った。（　　）

（ア 非　イ 卑　ウ 秘　エ 比　オ 碑）

3 父は**シ**法書士である。（　　）

4 寺の**シ**宝といわれる仏像だ。（　　）
意味「シ宝」＝最上の宝。

（ア 至　イ 志　ウ 紫　エ 司　オ 史）

5 負傷により試合を**キ**権した。（　　）

6 常**キ**を逸《いっ》する行動だ。（　　）
意味「常キ」＝ふつうのやり方。

7 相手の**キ**図を見破った。（　　）
意味「キ図」＝計画。もくろみ。

（ア 軌　イ 輝　ウ 奇　エ 棄　オ 企）

8 条件に**ガイ**当する人を探す。（　　）

9 留学費用の**ガイ**算を出す。（　　）

（ア 街　イ 概　ウ 慨　エ 該　オ 外）

10 責任感が欠**ジョ**している。（　　）

11 不必要な部分を**ジョ**去する。（　　）

（ア 徐　イ 除　ウ 助　エ 序　オ 如）

12 モニターを**ボ**集する。（　　）

13 故郷の母に思**ボ**の念を抱く。（　　）
ヒント 気持ち、心に関する漢字である。

14 不用意な発言が**ボ**穴を掘った。（　　）

（ア 墓　イ 模　ウ 簿　エ 募　オ 慕）

15 **ホウ**名録に署名願います。（　　）
意味「ホウ名」＝他人の名の敬称。

16 洋楽より**ホウ**楽をよく聴く。（　　）

17 神事の舞楽が**ホウ**納される。（　　）

（ア 奉　イ 胞　ウ 芳　エ 邦　オ 訪）

18 樹レイ五百年の老木だ。（　　）

19 早寝早起きをレイ行しよう。（　　）

20 レイ魂の存在を議論する。（　　）

（ア 励　イ 礼　ウ 麗　エ 霊　オ 齢）

21 兄弟の性格は対ショウ的だ。（　　）

22 建物が左右対ショウに並ぶ。（　　）

23 高校生が対ショウの教材だ。（　　）

（ア 称　イ 証　ウ 章　エ 象　オ 照）

24 反対が多数をシめた。（　　）

25 気をシめて仕事にかかる。（　　）

ヒント 帯などもこの「シめる」。

（ア 閉　イ 占　ウ 絞　エ 締　オ 強）

26 度重なる失敗に弱音をハいた。（　　）

27 庭の落ち葉をほうきでハいた。（　　）

（ア 掃　イ 張　ウ 果　エ 吐　オ 生）

28 病院の検査で血をトった。（　　）

ヒント 「血をトる」という意の熟語を考える。

29 手づかみで魚をトる。（　　）

（ア 撮　イ 執　ウ 捕　エ 溶　オ 採）

30 父はいつも妹のカタを持つ。（　　）

意味 「カタを持つ」＝味方をする。

31 カタにはまった演技だ。（　　）

32 仕事を早くカタづける。（　　）

（ア 方　イ 肩　ウ 形　エ 型　オ 片）

33 昨夜からの雨がアがった。（　　）

34 エビの天ぷらがアがった。（　　）

（ア 挙　イ 明　ウ 飽　エ 上　オ 揚）

ONE Point

同音異義語は用例で覚えよう！

「こうかい」と読む熟語には「公開」「更改」「後悔」「航海」などがあります。それぞれ「公開放送」「契約更改」「後悔の念」「遠洋航海」など、用例で覚えましょう。

練習2

実施日 ／

解答は別冊P.22

1 次の――線のカタカナにあてはまる漢字をそれぞれア～オから選び、記号を（　）に記せ。

1 辞書が旧版より増テイされた。（　）
2 条約のテイ結にこぎつけた。（　）
3 最後までテイ抗を続けた。（　）
（ア 堤　イ 訂　ウ 抵　エ 低　オ 締）

4 ショウ撃的なデビューを飾る。（　）
5 本堂の横にショウ楼がある。（　）
6 ショウ点を絞って話す。（　）
（ア 焦　イ 詳　ウ 床　エ 衝　オ 鐘）

7 自スイ生活にも慣れてきた。（　）
8 純スイな心の持ち主だ。（　）
9 真意が伝わらず邪スイされた。（　）
（ア 粋　イ 炊　ウ 吹　エ 推　オ 酔）

注
10 だまされて人間不シンになる。（　）
11 シン抱することも必要だ。（　）
12 運動前にひざを屈シンする。（　）
（ア 信　イ 辛　ウ 審　エ 振　オ 伸）

13 神のケイ示を受けたと信じる。（　）
14 ケイ事が犯人を追い詰めた。（　）
15 ケイ示板に張り出される。（　）
（ア 鶏　イ 掲　ウ 傾　エ 啓　オ 刑）

難
16 諸事情をカン案して決める。（　）
17 台風で田畑がカン水した。（　）
18 勇カンな行動に敬意を払う。（　）
（ア 肝　イ 敢　ウ 冠　エ 勘　オ 緩）

19 計画は一時トウ結された。（　）
20 水ぼうそうは水トウともいう。（　）
21 すばらしい演奏にトウ酔した。（　）
（ア 陶　イ 痘　ウ 倒　エ 透　オ 凍）

22 キ手がレース中に落馬した。
23 キ引きで学校を休む。
24 神社で合格をキ願した。
（ア帰　イ既　ウ祈　エ忌　オ騎）

注
25 祖母からカク世遺伝する。
26 まずは輪カクから描く。
27 逃げた猛獣を捕カクした。
（ア穫　イ較　ウ獲　エ郭　オ隔）

28 会費を事前にチョウ収する。
29 予算をチョウ過してしまう。
30 チョウ衆を魅了する演奏だった。
（ア徴　イ超　ウ彫　エ聴　オ調）

31 わがままが過ぎてコ立した。
32 不当な解コは禁止されている。
33 定年を迎え往時を回コする。
（ア弧　イ顧　ウ孤　エ雇　オ古）

難
34 伝統的な意ショウの家屋だ。
35 車ショウに切符を手渡した。
36 情熱が芸術にショウ華された。
（ア晶　イ匠　ウ掌　エ紹　オ昇）

37 社会福シに力を注ぐ企業だ。
38 シ問機関が答申した。
39 裁判員制度がシ行された。
（ア刺　イ祉　ウ資　エ諮　オ施）

40 ケイ約の延長を申し出る。
41 両社の業務提ケイが発表された。
42 駅伝の中ケイにくぎづけになる。
（ア憩　イ継　ウ携　エ契　オ恵）

ONE Point

同じ訓読みで意味の異なる字に注意！
「はかる」→計る・測る・量る・諮る・図る　それぞれの漢字の意味に注意して、短文を作って覚えましょう。

練習2

実施日

解答は別冊P.22

2 次の――線の**カタカナ**にあてはまる漢字をそれぞれ**ア〜オ**から選び、**記号**を（　）に記せ。

1 両手に荷物を**サ**げている。（　）
2 悲しくて胸が張り**サ**けそうだ。（　）
3 昼食時間を**サ**けて訪問した。（　）
（ア避　イ去　ウ裂　エ提　オ差）

難
4 火の**モト**の安全に注意する。（　）
5 人は法の**モト**に平等である。（　）
6 先代社長が**モト**を築いた。（　）
（ア本　イ基　ウ求　エ元　オ下）

7 この布は目が**ツ**んでいる。（　）
8 野原に咲く花を**ツ**む。（　）
9 伝統の技を受け**ツ**いだ。（　）
（ア詰　イ継　ウ積　エ摘　オ突）

10 ベンチに腰を**カ**ける。（　）
11 常識に**カ**ける発言だ。（　）
12 広い雪原を野ウサギが**カ**ける。（　）
（ア欠　イ架　ウ駆　エ掛　オ書）

注
13 船が港に**ト**まる。（　）
14 その話は心に**ト**めておきたい。（　）
15 **ト**める者ほど金に細かい。（　）
（ア止　イ溶　ウ富　エ留　オ泊）

16 一流品に触れると目が**コ**える。（　）
17 結論は年を**コ**しそうだ。（　）
18 遠く離れた故郷を**コ**う。（　）
（ア込　イ凝　ウ肥　エ越　オ恋）

19 黒い**オ**牛が草を食べている。（　）
20 流星の**オ**がはっきりと見えた。（　）
21 **オ**いては子に従え。（　）
（ア置　イ追　ウ尾　エ雄　オ老）

3

次の――線のカタカナにあてはまる漢字を書け。

難

1 実力をそのまま発キした。

2 キ上の空論では仕方ない。

3 祖母の三回キで親族が集まる。

4 キセイの概念をくつがえす。

5 その日は交通がキセイされる。

6 キセイ品で間に合わせる。

難

7 大統領の独裁タイセイが崩れた。

8 大関が得意のタイセイに持ち込む。

9 中盤で試合のタイセイが決まる。

難

10 調理師のシカクを持つ。

11 シカクに訴えるデザインだ。

12 シカクになって見えなかった。

13 自分の首をシめるような行為だ。

14 緩んだねじをきつくシめる。

15 問題の解決をハカる。

16 水の深さをハカる。

17 箱の重さをハカった。

18 アくなき探求を続ける。

19 アいた席に母が座った。

20 アいた口がふさがらない事件だ。

21 客の入りを見て休ケイを取る。

22 ケイ口となるも牛後となるなかれ。

23 犯行のコウ妙な手口に驚く。

24 委員会のコウ領をまとめる。

ONE Point

同じ音読みで形も似ている字に注意！

「カン」→ 勧誘・歓迎・観察

「コウ」→ 功績・専攻

漢検 おもしろゼミ 08

「ひと筆書き」は早くて便利？

楷書《かいしょ》で書く習慣を身につけよう！

パソコンや携帯電話の普及で、漢字を書く機会が減った昨今。「以前よりも漢字を書く力が衰えた」という声を耳にすることはありませんか？　そんななか、生涯《しょうがい》学習として注目される漢検ですが、多くの人がてこずるのが、やはり「書き取り」問題です。漢字自体がわからない、思い出せないということはもとより、漢字はわかっているのに、書き方のせいで点を落としてしまう、というケースがあります。

正確な漢字を書く

漢検発行の問題集は、「教科書体」を使用しています。「教科書体」は、手書きの文字に近いとされている書体です。ついつい自己流で字を崩してしまう人は、面倒でも「教科書体」を見本に、何度も書く練習が必要です。

正しい字形を書くポイントは、筆順をきちんと押さえることです。筆順を意識して一画一画ていねいに書く習慣は、省略して書くのを防ぐことにつながるでしょう。また、きちんと「楷書《かいしょ》」で書くように心がけるこ

書体の違いについて

漢検では書体による違いは、表現の差（デザインの違い）と見るべきものであり、字体（文字の骨組み）の違いではないと判断しています。

例
戸－戸－戸－戸
条－条－条
令－令－令

ただし、字の構造や画数が変わるような書き方は認められません。

○＝塗　×＝[illegible]

同音類字

①部首が共通しているものの例

い　【辶】しんにょう　しんにゅう
違－違反《いはん》
遺－遺書《いしょ》

とも大切です。「行書体」や「草書体」のように崩して書いたり、続けて書いてはいけない点画を続けて書いたり、略して書いたりしては、採点の対象になりません。字の美しさ・汚さの問題ではなく、正しい構成で書けているかが重要です。たとえ時間がかかっても、一つ一つの点画をきちんと意識して書きましょう。

少しでも疑問や不安があるときは、漢字辞典や資料に当たって確認し、繰り返し書く練習を十分にしておきたいものですね。

同音類字・異音類字

漢字には、偏《へん》が違うけれど旁《つくり》が同じなど、似た形の字があります。形がよく似ていて音《おん》も同じ漢字を「同音類字」、音は異なる漢字を「異音類字」と呼びます。

これらは、次のように二つに大別されます。

1 部首（意味を表す部分）が共通しているもの

同音類字＝違《い》・遺《い》【辶】しんにょう・しんにゅう

異音類字＝困《こん》・因《いん》【囗】くにがまえ

2 部首以外の部分（原則として音を表す部分）が共通しているもの

同音類字＝抗《こう》・坑《こう》／績《せき》・積《せき》

異音類字＝札《さつ》・礼《れい》／残《ざん》・浅《せん》

「書き取り」問題で点を落とさないためにも、字の成り立ちや構成を意識して、偏と旁を注意深く練習することが大切です。

② 部首以外の部分が共通しているものの例

しょう
- 招―招待《しょうたい》
- 紹―紹介《しょうかい》
- 昭―昭和《しょうわ》
- 照―照明《しょうめい》

ぼ
- 募―応募《おうぼ》
- 慕―恋慕《れんぼ》
- 墓―墓地《ぼち》
- 暮―歳暮《せいぼ》

かん
- 喚―喚問《かんもん》
- 換―換気《かんき》

じょう
- 譲―譲歩《じょうほ》
- 嬢―令嬢《れいじょう》

異音類字

① 部首が共通しているものの例

【刂】りっとう
- 刊―刊行《かんこう》
- 刑―処刑《しょけい》

【大】だい
- 奪―奪取《だっしゅ》
- 奮―興奮《こうふん》

【糸】いとへん
- 網―網膜《もうまく》
- 綱―綱要《こうよう》

② 部首以外の部分が共通しているものの例

- 隠―隠匿《いんとく》
- 穏―穏便《おんびん》

- 抑―抑止《よくし》
- 仰―仰天《ぎょうてん》

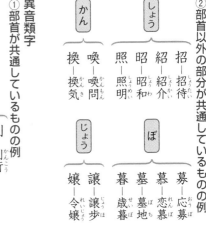

書き取り

ウォーミングアップ

実施日

解答は別冊P.23

1 次の音と訓を持つ漢字を(ア)[　]の中から選び、(　)に記せ。また、その漢字が使われている**二字の熟語**を(イ)[　]の中から選び、**漢字に直して**[　]に記せ。

1 音 ニン　訓 まか(せる)・まか(す)　(　)[　]

2 音 テン　訓 そ(える)・そ(う)　(　)[　]

3 音 レン　訓 ね(る)　(　)[　]

4 音 キョ　訓 ゆる(す)　(　)[　]

5 音 キョウ　訓 とも　(　)[　]

6 音 カイ　訓 いまし(める)　(　)[　]

7 音 キ　訓 よ(る)・よ(せる)　(　)[　]

8 音 キョ　訓 あ(げる)・あ(がる)　(　)[　]

9 音 ケイ　訓 かたむ(く)・かたむ(ける)　(　)[　]

(ア)
寄・戒・任・傾・練・共・挙・添・許

(イ)
キシュク・ケイカイ・ケイシャ
コウキョウ・セキニン・テンカ
トッキョ・ミレン・レッキョ

2 次の——線の**カタカナ**を**漢字**に直せ。

1 家族で潮**ヒ**狩りに行った。
2 例年より野菜の出荷量が**ノ**びる。
3 寸**カ**を惜しんで読書にいそしむ。
4 **マキ**場を馬が駆けていく。
5 なんとか面**ボク**を施す。
6 大きなバッグを肩に**カ**ける。
7 家族で食**タク**を囲む。
8 初日の出を**オガ**んだ。
9 いつのまにか小**ゼニ**がたまった。
10 感情を**オサ**えて静かに話す。
11 彼女は穏やかに微**ショウ**した。
12 **キッ**茶店で待ち合わせた。
13 人**ジチ**が解放された。
14 石**ダタミ**の参道を歩く。
15 駅まで祖母を**ムカ**えに行く。
16 風が出たのでヨットに**ホ**を張った。
17 日本屈指の水量を誇る**タキ**だ。
18 英国の童話を**ホン**訳する。
19 下町の**イキ**な祭りにほれ込む。
20 **バク**芽百パーセントのビールを飲む。
21 **フク**痛のため授業を欠席した。
22 夕食用に大根の**ニ**物を作る。
23 サメは人間をも**オソ**う。
24 卒業生が記念碑を**ホ**る。

ONE Point

漢字の書き取りに強くなるには…①
語彙《ごい》力《りょく》をつけることが大切です。日ごろから文章をたくさん読むようにしましょう。

練習 1

実施日

解答は別冊P.23

1 次の――線のカタカナを漢字に直せ。

1 無理にテイサイを繕うな。

2 機械のソウサは苦手だ。

3 何かコンタンのありそうな顔だ。

4 イショウを凝らした帽子だ。

5 結納を済ませコトブキを述べる。
意味 祝いの言葉。

6 甘んじてヒハンを受け入れる。

7 雨水が乾いた土にシントウする。

8 弟は朝からカンムリを曲げている。
意味 「カンムリを曲げる」＝不機嫌《ふきげん》になる。

9 やけどに適切なショチを施す。

10 雪深いサンガク地帯を横断した。

11 緊張が周囲にデンセンした。

12 噴水公園は住民のイコいの場だ。

13 山々をヌうように線路が続く。

14 彼のゴウインなやり方に閉口する。
ヒント 「ゴウ情」の「ゴウ」も同じ字。

15 武士の子はハンコウで学んだ。
意味 江戸《えど》時代に大名の家臣の子が通った学校。

16 危険なクワダてには反対だ。

17 何事もアンイに考えるな。

18 ビンボウ暇なしで働き続ける。

19 旅のケイコウ品を確認する。
意味 身につけて持って行くこと。

20 財産を奪われマルハダカになる。

21 彼とコウオツを争える者はいない。

22 今年初めての新米をタく。

23 国際大会で国旗をケイヨウする。

24 戦後はショクリョウ難にあえいだ。

25 都内**ボウ**所で会合が開かれる。
意味 不明、または具体的に示したくない時に用いる語。

26 防災用具を**フクロ**に詰める。

27 新聞に**トクメイ**で投書する。

28 不正の**ハッカク**を恐れる。

29 母校の**エンカク**を調べる。
意味 物事が始まってから現在に至るまでの移り変わり。

30 わずかばかりの**ゴサ**がある。

31 成長ホルモンの**ブンピツ**を促す。

32 **ソウサク**意欲がわいてくる。

33 浜にごみが**ヒョウチャク**している。

34 **ゴウカ**な客船で旅してみたい。

35 新時代への**タイドウ**を感じる。
意味 ここでは「内部から新しい動きが出ること」。

36 社会**フクシ**施設で働きたい。

37 盛大な**シュクエン**に招かれる。

38 猛犬が**クサリ**につながれている。

39 **エンゲキ**部の舞台発表を見た。

40 東西で**コオウ**して挙兵した。
意味 働きかけにこたえて何かをすること。

41 人事の**サッシン**を図る。
意味 全く新しいものにすること。

42 一分**イチリン**の狂いもない推理だ。
意味 「一分イチリン」＝ごくわずかであることのたとえ。

43 人気商品の**ルイジ**品が出回る。

44 社会の悪党を**セイバツ**する。

45 疑惑が晴れて**シャメン**された。
意味 罪を許すこと。

46 **ギセイ**を払っても成し遂げたい。

47 犬を連れて**シュリョウ**に出かける。
意味 山野の鳥獣をかること。

ONE Point

漢字の書き取りに強くなるには…②

言葉の意味がわからない時は、その都度、辞書で調べるように心掛けましょう。

練習1

実施日 ／

解答は別冊P.23

2 次の——線のカタカナを漢字に直せ。

1 イセイのよい掛け声を上げた。
2 オロシネを安く設定する。
3 法律のジュンシュは国民の義務だ。
4 カンキュウをつけた指導をする。 意味 ゆるいことと、厳しいこと。
5 キバ戦で白組が勝利した。
6 運悪く豪雨にソウグウした。
7 期待と不安がコウサクする。 意味 いくつかのものが入りまじること。
8 太陽は生命のミナモトといえる。
9 スイハン器のスイッチを入れた。
10 父は銀行にツトめている。 ヒント 「仕事につく」意味の「ツトめる」。

11 大事にはイタらず安心した。 意味 この「イタる」は「及ぶ」という意味。
12 弟に勉強のジャマをされた。
13 支払い免除のシンセイを行う。
14 旧来のしきたりにソクバクされる。
15 社員の心をショウアクする。 意味 思い通りにすること。
16 適切なソチが求められた。
17 城のガイカクに沿って散歩する。 意味 外側の囲い。
18 次にガイトウする者は手を挙げよ。
19 旅先でミヤゲを買った。 ヒント 熟字訓。
20 損益ブンキ点を算出する。
21 鉄道のカセン工事をする。 意味 電線などをかけ渡すこと。
22 商品の価格をチョウボにつける。
23 目撃情報がタイホにつながった。
24 この件はオンビンに解決しよう。 意味 角を立てずに処理すること。

25 縁側に**スワ**ってお茶を飲む。

26 えりを正して儀式に**ノゾ**む。 意味 ある集まりに出る、その場に行く。

27 **カタトキ**もそばを離れない。

28 **ノキシタ**で雨宿りをする。

29 高級ワインで**エツラク**に浸った。

30 歴史的偉人の**キセキ**を調べる。 意味 人や物事がたどったあと。

31 その事柄は**スデ**に報告済みだ。

32 朝食用に食パンを**イッキン**買う。

33 ナポレオンは**コウテイ**に即位した。

34 首を長くして**キッポウ**を待つ。 意味 よい知らせ。

35 ピアノの**バンソウ**で合唱する。

36 早寝早起きの**クセ**をつけよう。

37 社長お**スミツ**きの新人だ。

38 古びた**ダンロ**に薪をくべる。

39 神経を**ト**ぎ澄まして音を聞いた。

40 島から外来種を**ハイセキ**する。

41 **モメン**豆腐を一口大に切る。 ヒント 熟字訓。

42 周囲の迷惑を**コリョ**するべきだ。 意味 気にかけて心配すること。

43 貨物機が海上に**ツイラク**した。

44 本の返却を**サイソク**する。

45 **コフン**から装飾品が発掘される。

46 **グチョク**な努力が実を結んだ。 意味 正直すぎて気がきかないこと。

47 痛み止めの**ジョウザイ**を携行する。

ONE Point

漢字の書き取りでの注意点①

「とめ・はね・はらい」の一点・一画を楷書《かいしょ》で正確に書くようにしましょう。

練習1

実施日 ／

解答は別冊P.23

3 次の――線のカタカナを漢字に直せ。

1 素早いタイショが求められる。
2 カエルがハねて池に逃げた。
3 バーゲン中は店内がコンザツする。
4 仏前に花をソナえる。 ヒント 「神仏などに物をささげる」の意。
5 海にソって線路が延びている。
6 ビルの建設事業がトウケツする。 ヒント 「こおること」の意。この場合は実行を一時保留する意。
7 親のカタキウちに出る物語だ。
8 外資系の会社にシュウショクする。
9 市民病院でショクタクとして働く。
10 まとまった額をヨキンする。

11 日本の夏はシツジュンで蒸し暑い。
12 船は氷をワりながら進んだ。
13 敏腕社長が自伝をアラワした。 ヒント 自分でアラワした書物を「自□」という。
14 二人の行動をジャスイする。
15 駅前でボキンを呼び掛ける。
16 ひとしきりシグレが降る。 ヒント 熟字訓。
17 職権ランヨウで有罪になる。
18 医師からキトクを告げられる。 意味 病気が重く、死に直面している状態。
19 武道で精神をタンレンする。
20 ジシャクで方位を確かめる。
21 百科事典が一部カイテイされた。
22 城の周辺をサンサクしてきた。 意味 目的もなくぶらぶら歩くこと。
23 ケンポウ改正を考える人もいる。
24 カンリの登用試験に合格した。 意味 国家公務員。

25 精巧な**モケイ**を作り上げた。
（　　　）

26 ろうそくの**ホノオ**が揺れる。
（　　　）

27 趣味は**ショウギ**をさすことだ。
（　　　）

28 **キュウリョウ**の一角に公園がある。
意味 小さな山。
（　　　）

29 かぎをかけ忘れて**キモ**を冷やした。
（　　　）

30 **イクジ**なしと言われた。
ヒント 熟字訓。
（　　　）

31 **コンイロ**のブレザーを新調する。
（　　　）

32 原告の訴えは**キキャク**された。
（　　　）

33 **サイケン**者に返済を迫られる。
（　　　）

34 再会の日を待ち**コ**がれる。
（　　　）

35 **アイセツ**極まりない話を聞く。
意味 大変もの悲しくあわれなこと。
（　　　）

36 人の命に**ケイチョウ**はない。
（　　　）

37 **ヤバン**な行動をたしなめる。
（　　　）

38 校庭に**カンダカ**い声援が響く。
（　　　）

39 車が雪道で**ジョコウ**する。
（　　　）

40 仲間と**キョウボウ**しての犯行だ。
意味 二人以上で悪事をたくらむこと。
（　　　）

41 **ヨホド**楽しかったようだ。
（　　　）

42 今日は行楽に絶好の**ヒヨリ**だ。
ヒント 熟字訓。
（　　　）

43 注文した品は**ヨクジツ**届いた。
（　　　）

44 病原体の**センプク**期間を調べる。
（　　　）

45 **タクエツ**した技術に舌を巻く。
（　　　）

46 借りた物の**マタガ**しはやめよう。
（　　　）

47 **バイシン**裁判の歴史を調べる。
意味 一般人が裁判の取り調べに参加すること。
（　　　）

ONE Point

漢字の書き取りでの注意点②

字は崩して書かないようにしましょう。

(例)「糸○—糸×」「灬○—⺃×」「口○—〇×」

練習2

実施日 ／

解答は別冊P.24

1 次の——線のカタカナを漢字に直せ。

1 ガロウで油絵の個展を開く。
2 コウテツのような意志を持つ。
3 注 母と意見がショウトツした。
4 東京キンコウに引っ越す。
5 ヨコナグりの雨で服がぬれた。
6 海にモグって貝を採る。
7 賃貸ケイヤクを更新する。
8 新人にはフタンの大きい仕事だ。
9 サケがサンランで川をさかのぼる。
10 難 スイトウ簿をきちんとつける。
11 かつての鉱山でコウドウを歩く。

12 二酸化炭素のサクゲンに努める。
13 父の部長ショウシンを祝う。
14 シュクシャク千分の一の地図だ。
15 愛犬の死因はロウスイだった。
16 庭にバラのナエギを植えた。
17 コウシン料が効いた料理だ。
18 シャソウの風景を楽しむ。
19 注 卒業式を終えカンガイにふける。
20 大学でギリシャテツガクを学ぶ。
21 注 カクチョウ高いスピーチだった。
22 セキヒに刻まれた名句を味わう。
23 母はサイフのひもがかたい。
24 美術館のショウタイ券が当たる。
25 玄関にホウコウ剤を置いた。
26 長い審議をへて決定された。

難 27 機械に**ジュンカツ**油をさす。

28 コリーは**カシコ**い犬種といわれる。

29 海の**サチ**でもてなされた。

30 家族旅行で記念写真を**ト**る。

31 赤飯を**ム**して振る舞った。

難 32 とんだ**シロモノ**をつかまされる。

33 旧友に発表の場を**ユズ**る。

34 政治家の講演に**ケイハツ**される。

35 しばらく身柄を**コウソク**する。

注 36 **オカシラ**付きのタイで祝う。

37 **ヒタイ**を合わせて解決策を探った。

38 校内で姉と**ス**れ違った。

39 チームで任務を**カンスイ**した。

40 実った稲の**ホ**が首を垂れる。

41 主任は**キワ**めて温厚な人です。

42 メダカの**チギョ**を飼育する。

43 変色した屋根を**トソウ**する。

44 路上でたばこを**ス**わないでほしい。

45 絶世の**ウタヒメ**に注目する。

46 作品のファンが**ツド**う会だ。

47 **ホンポウ**初公開の映画を見た。

48 ひたすら念仏を**トナ**える。

49 地域復興に観光客を**ユウチ**する。

50 他社が**モホウ**できないサービスだ。

ONE Point

漢字の書き取りでの注意点③

「攵・欠・不・句」などの漢字で、1画目と2画目を続けて書かないようにしましょう。

練習2

実施日

解答は別冊P.24

2 次の——線のカタカナを漢字に直せ。

1 注 話はカンケツに願います。
2 百人一首をロウエイする。
3 図書館で大型本をエツランした。
4 人の話を聞くときは背筋をノばす。
5 彼はジャッカン十七歳で渡米した。
6 難 伝染病のキョウイにおびえる。
7 接戦でキンパクした状態が続く。
8 クジラの雄大な姿に歓声が上がる。
9 フネンブツのごみを分別する。
10 注 経営悪化で従業員をカイコする。
11 休日はゴラク施設で遊ぼう。
12 メンミツな計画を練る。
13 注 堤防のホシュウ工事が始まる。
14 俳優が所属事務所をイセキする。
15 タクみな話術に引き込まれた。
16 将軍はイコンを晴らすべく出陣した。
17 荒地をカイコンして田畑を作る。
18 難 新年度のザンテイ予算を組む。
19 集合場所でテンコをとる。
20 作家のセイタン百年を祝う。
21 国際連合にカメイしている。
22 事とシダイでは解散もあり得る。
23 世界的キボのプロジェクトです。
24 災害対策にトクシュな訓練を行う。
25 難 大敗したセツジョクを果たす。
26 アマすところなく打ち明けた。

27 花婿とハナヨメを拍手で迎える。

28 集めた会費をカンジョウする。

29 人のあるべき姿をトく。

30 五十円玉にはキクが描かれている。

注 31 キョウコウな態度で主張を続ける。

32 彼は近代日本ガダンの奇才だ。

33 閣議のショウテンを絞る。

34 ユエあって職を辞した。

難 35 環境破壊にケイショウを鳴らす。

注 36 他のツイズイを許さない腕前だ。

37 茶は鉄分の吸収をソガイする。

38 フタゴ座は十二星座の一つだ。

39 対象者をチュウシュツする。

難 40 青銅を流し込んで像をイる。

41 天然トウは恐ろしい伝染病だ。

42 仕事を早めにスませて帰った。

43 宅配便で荷物がトドく。

44 ハタ織りの工房を見学する。

45 家畜のブタに飼料を与える。

46 ナマけ者の節句働き。

47 ありったけの勇気をフルう。

48 人々をミリョウする歌声だ。

難 49 再会を喜んでホウヨウを交わす。

50 ワンガン道路が開通する。

ONE Point

漢字の書き取りでの注意点④

「攴」の2・3画目、「隹」の3・5画目、また「修」の4・5画目、「修」の5・6画目、「修」の4～6画目を続けて書かないよう注意。

練習2

実施日

解答は別冊P.25

3 次の――線のカタカナを漢字に直せ。

1 多大な損害をコウムった。
2 干害でガシ者が出る。
3 ついにトンネルがカンツウした。
4 いざとなるとドキョウがある。
5 動物のギャクタイは許されない。
注 6 ケンヤクして貯蓄に努める。
7 打球が空中に大きなコを描いた。
注 8 家族の協力が頼みのツナだ。
9 幕末のサムライの役を演じる。
10 ジョウダンを交えて説明する。
11 古寺をレキホウする旅に出た。
12 専門外のリョウイキにも目を配る。
13 ドナーからコツズイが提供される。
注 14 試合はゲキテキな幕切れだった。
15 クワの実は鉄分を豊富に含む。
16 姉は海外支店のチュウザイ員だ。
17 健康診断《しんだん》でケンニョウを行う。
注 18 正負のフゴウに注意して計算する。
19 木々の伐採でヤマクズれが起きる。
20 大木のミキに寄りかかる。
21 当時の心境をセキララに語る。
22 動かぬショウコを突きつける。
難 23 セイカイのうちに式は終わった。
24 コウカイしないように慎重に選ぶ。
25 ライブハウスでエンソウした。
26 詐欺《さぎ》への注意をカンキする。

27 彼のシツムぶりには頭が下がる。
28 キョセイを張って弱さを隠す。
29 ヨーグルトはハッコウ食品だ。
30 親から土地をジョウヨされた。
31 後継ぎにムコ養子をもらう。
32 店内の在庫をイッソウする。
注 33 事故にアってけがをした。
34 国のシモン機関を設ける。
35 本堂のシュウゼン作業が始まる。
36 葉のキコウで呼吸する植物だ。
37 美術館でチョウコクを鑑賞する。
38 深夜までトウロンは続いた。
39 ギャッキョウにめげず努力する。
難 40 短歌の英訳はシナンの業だ。
41 宇宙は人知をチョウエツする。

難 42 使用者と雇用契約をテイケツする。
43 兄はセビロの着こなしが上手だ。
44 宣伝用のポスターを千部スった。
45 微生物のサイボウを観察する。
46 シンシュク性のある布を裁つ。
47 塩分のセッシュ量を調べる。
48 ネンドで置物を作った。
49 不況で消費活動がチンタイする。
50 届いた郵便物をカイフウする。

ONE Point

漢字の書き取りでの注意点⑤

「木」の2画目、「糸」の4画目の最後は、一般的に「とめ」で書きますが、はねて書いても検定では○になります。

練習2

実施日

解答は別冊P.25

4 次の――線のカタカナを漢字に直せ。

1 彼女の話にはコチョウがある。
2 氷のカタマリから像を作る。
注 3 キンゴウの温泉に日帰りで行く。
注 4 窓を開けて室内をカンキする。
5 ナットクのいくまで練習する。
6 確定シンコクを窓口で行った。
7 苦手科目を見事にコクフクした。
8 旅行の土産をイタダいた。
9 説明会を予定通りジッシする。
10 その選手はチームのシュジクだ。
11 思慮深い性格はオヤユズりだ。
12 万事シショウなく運んでいます。
13 総人口のスイイを調べる。
14 最初に問題をテイキします。
15 オーケストラの華麗な演奏にヨう。
16 彼の横暴な態度にゲンメツした。
17 故人を墓にマイソウする。
18 地域のジゼン事業に参加する。
19 祖母からシャミセンを教わる。
20 調子に乗ってイタい目に遭う。
21 議会のボウチョウを許された。
22 物語はついにカキョウに入った。
23 ロウバシンながら気掛かりな話だ。
24 フクスイ盆に返らず。
注 25 的をイた質問だった。
26 チクサン業の現状を取材する。

27 **ボジョウ**に満ちた和歌だ。

28 **チッソ**は植物に必要不可欠だ。

29 **トウキ**の皿を床の間に飾る。

30 **サイホウ**道具を買いそろえる。

31 暖衣**ホウショク**の時代を考える。

注 32 **コハン**の避暑地で休暇を過ごす。

33 **オ**い立ちから話しましょう。

34 馬が草原を**シッソウ**する。

35 運河で**カイゾク**行為が横行する。

36 **ホウシ**活動で町内を清掃する。

37 子牛が母牛の**チブサ**を探る。

難 38 **コマク**は音波を伝える器官だ。

39 腕の筋肉を**リュウキ**させた。

40 応援団が選手を**ゲキレイ**する。

41 社長の解任に**ドウヨウ**が広がる。

42 羊の毛を**カ**り取る。

難 43 米の**シュウカク**の最盛期だ。

44 登山家が**カカン**に冬山にいどむ。

45 船が**カイキョウ**を航行する。

46 気付けば**フルカブ**となっていた。

47 弁明しきれず**イナオ**った。

48 厳しい先輩は**ケイエン**されがちだ。

49 若者の**コドク**を描いた小説だ。

50 先生は**ジゴク**耳を持っている。

ONE Point

漢字の書き取りでの注意点⑥

漢字検定での解答は、必ずHB・B・2Bの鉛筆、またはシャープペンシルを使用してください。ボールペン・万年筆などの使用は厳禁です。

誤字訂正
ウォーミングアップ

実施日 ／

解答は別冊P.26

1 次のア・イの文のうち、漢字が**正しく使われているもの**を選び、（　）に**記号**で答えよ。

1 ア 危検な場所に近づくな。
イ 危険な場所に近づくな。（　）

2 ア 計理部に配属される。
イ 経理部に配属される。（　）

3 ア 議案は否決された。
イ 議案は非決された。（　）

4 ア 機械を操作する。
イ 機械を燥作する。（　）

5 ア 過去最底の売り上げだった。
イ 過去最低の売り上げだった。（　）

6 ア 駅の売店で雑紙を買った。
イ 駅の売店で雑誌を買った。（　）

7 ア 驚威的な記録が出た。
イ 驚異的な記録が出た。（　）

8 ア 蔵書を寄贈する。
イ 蔵書を奇贈する。（　）

9 ア 喜びを顔に表す。
イ 喜びを顔に著す。（　）

10 ア 業積は悪化の一途をたどる。
イ 業績は悪化の一途をたどる。（　）

11 ア 雨で遠足の日程が延びた。
イ 雨で遠足の日程が伸びた。（　）

12 ア 書類の不備を指滴される。
イ 書類の不備を指摘される。（　）

2

次の各文にまちがって使われている**同じ読みの漢字が一字**ある。(　・　)の上に**誤字**を、下に**正しい漢字**を記せ。

誤・正

1. 彼は明郎な人柄ですね。（　・　）
2. 病人を手厚く観護する。（　・　）
3. 合格して有頂点になる。（　・　）
4. 前回と話題が重復している。（　・　）
5. 明日は粗父の誕生日です。（　・　）
6. 広報科への異動が決まった。（　・　）
7. 採決を巡って議場が困乱する。（　・　）
8. 実行委員会を組識する。（　・　）
9. この鉄道延線に用水池がある。（　・　）
10. 一晩山小屋に縮泊した。（　・　）
11. 彼女も参加とは以外だった。（　・　）
12. 欧米諸国を暦訪する。（　・　）
13. 訓練を続け、背勤力を上げた。（　・　）
14. 専問家に調査を依頼した。（　・　）
15. 私の意見に友人は非判的だ。（　・　）
16. 順真な気持ちが伝わる詩だ。（　・　）
17. 高速道路で車が故傷した。（　・　）
18. 今から来春の受験に供えよう。（　・　）
19. 飼い犬は縦順な性格だ。（　・　）
20. 自社の発転を祈願する。（　・　）

ONE Point

書き誤りやすい熟語①

あいぼう　→合棒×—相棒○
ぎょかく　→魚獲×—漁獲○
ふんしょく→紛飾×—粉飾○

誤字訂正 練習 1

実施日

解答は別冊P.26

1 次の各文にまちがって使われている**同じ読みの漢字が一字**ある。（　・　）の上に**誤字**を、下に**正しい漢字**を記せ。

誤　正

1 激薬なので注意して取り扱う。（　・　）
2 消防所は病院に隣接している。（　・　）
3 業務の全般に管与している。（　・　）
4 場内の興奮は最高調に達した。（　・　）
5 家屋を十年ぶりに捕修する。（　・　）
6 専伝の効果で売り上げが倍増した。（　・　）
7 全員で組織の繁英に尽力した。（　・　）
8 要点を箇状書きにして提出する。（　・　）
9 研究所の所長に任名された。（　・　）

---

10 旅行の必受品を準備する。（　・　）
11 倒参する会社が後を絶たない。（　・　）
12 両国の政治体勢には相違がある。（　・　）
13 植物園が無料で市民に解放された。（　・　）
ヒント 同音異義語のある熟語に注目。
14 即克、救助隊の派遣を要請した。（　・　）
15 地域の発展を祈粘する。（　・　）
16 午後の構演会への出席を促す。（　・　）
ヒント 似た形の字がある熟語に注目。
17 間食の習慣を治したいと願う。（　・　）
18 神秘的で易しい表情の観音様だ。（　・　）
19 学問や技芸を収める道は険しい。（　・　）
ヒント 使い分け要注意の語がある。
20 教授の見解は創像通りだった。（　・　）
21 審判の誤審に激しく攻議する。（　・　）
22 閣義で政策を決定した。（　・　）
23 通快な冒険漫画が人気だ。（　・　）

24 受了証の交付に時間がかかる。

25 両者の関係は弾絶して久しい。

26 自然の恩敬に感謝して生きる。

27 会議は難行して深夜に及んだ。

28 この店の布製品は定標がある。

29 予習複習の大切さを忘れるな。

30 適当な場所でご勧覧ください。

31 事態の推依を見守るべきだ。

32 凶悪な犯行の動機が伴明した。

33 今度の句会には是否参加したい。
ヒント 個々の熟語の構成に注目。

34 世界各国を客船で州遊する。

35 勤務体度が怠慢で注意を受ける。

36 作物に解滅的な被害が出た。

37 創立以来、初の快挙で喜ばしい。

38 前回の市議選で初党選した。

39 駅に地元の小学生の絵を添示する。

40 入場券が居るので窓口に並ぶ。
ヒント 文意に合わない語は?

41 世論の動向を反影した条例だ。

42 流行性感冒が猛偉を振るう。

43 全ての障害を排徐する。

44 当所からの目標を忘れるな。

45 寄成の道徳を身に付ける。

46 腕の察過傷がひりひりと痛む。

ONE Point

書き誤りやすい熟語②

かくう →仮空×—架空○
きこう(文)→記行×—紀行○
かくしん →確心×—確信○
ふうぶつし→風物誌×—風物詩○

誤字訂正 練習 1

実施日 ／

解答は別冊P.26

2 次の各文にまちがって使われている**同じ読みの漢字**が**一字**ある。（　・　）の上に**誤字**を、下に**正しい漢字**を記せ。

誤・正

1 失敗を噴起する契機とした。（　・　）
2 慢性的な疲労で食欲不進になる。（　・　）
3 幕内力士の土表入りの映像だ。（　・　）
4 悲劇の主人公が感焦に浸る。（　・　）
5 五層の天守郭から市街地を望む。（　・　）
6 確期的な発明に驚嘆する。（　・　）
7 篤思家が資金を提供してくれた。（　・　）
8 友人を誕生会に召待した。（　・　）
9 危険妨止の得策が練られた。（　・　）

10 隣時列車が運行する見込みだ。（　・　）
11 新しい事業で成巧を収めたい。（　・　）
12 相継ぐ不正行為が報道された。（　・　）
13 違失物を警察署に届けた。（　・　）
14 暗くなって辺りが沈まる。（　・　）
ヒント 送りがなが不自然な語は？
15 景気が次第に快復する。（　・　）
16 社内に活力を抽入したい。（　・　）
17 悲惨な状境にも耐えしのぶ。（　・　）
18 日本随一の穀草地帯で暮らす。（　・　）
19 敵からの返り打ちにあう。（　・　）
ヒント 使い分け要注意の語がある。
20 衛星の軌道を修成する。（　・　）
21 資材が入貨する期日を確認した。（　・　）
22 難問に直面して混惑する。（　・　）
23 独走性に富んだ主張に感心した。（　・　）

24 展望は前般的に厳しいといえる。（　・　）

25 最新の複写機の精能に驚く。（　・　）

26 老朽化した施設を改宗する。（　・　）

ヒント 一つだけ文意に合わない熟語になっている。

27 違反者は要赦なく摘発する。（　・　）

28 舞の悪い仕事を引き受けた。（　・　）

29 携帯電話で動画を撮映する。（　・　）

30 経営方針の転換を余戯なくされる。（　・　）

31 二人の中を取り持った。（　・　）

32 災害に備えて食料を貯増する。（　・　）

33 敵陣の中央を雄猛に突破した。（　・　）

34 事態は依然余断を許さない。（　・　）

35 機会あるたびに自論を展開する。（　・　）

36 多細な機能のある電子辞書だ。（　・　）

37 体調を整えて実力を発起したい。（　・　）

38 本拠地に潜入して敵の動盛を探る。（　・　）

39 校長が卒業賞書を授与する。（　・　）

40 着物の断ち方の習得に努める。（　・　）

41 集めた資料を免密に調べる。（　・　）

42 彼は群衆心理にも惑わず沈着だ。（　・　）

ヒント 同音異義語のある語に注目。

43 痛烈無非の毒舌でなる評論家だ。（　・　）

44 清流に添いながら散策する。（　・　）

45 境内に除夜の金が鳴り響く。（　・　）

46 少年時代は皆が純水な心を持つ。（　・　）

ONE Point

形の似ている漢字の書き分け

祖先―粗略―阻害―組織
植樹―殖財

誤字訂正 練習 2

実施日 ／

解答は別冊P.27

1 次の各文にまちがって使われている**同じ読みの漢字**が**一字**ある。（　・　）の上に**誤字**を、下に**正しい漢字**を記せ。

（誤・正）

1 必死の資金繰りも追いつかず、万策尽きて万事究すだ。（　・　）

2 同窓会で久しぶりに恩師の穏容に接して思いを新たにした。（　・　）

3 巨額の遺産の争続を巡ったいさかいが兄弟の仲を引き裂いた。（　・　）

4 首脳部の怠慢が表面化し、早急に前後策を講じる必要に迫られた。（　・　）

5 虫に刺されたので消煙作用がある薬を塗った。（　・　）

6 努力が成功を導いた例は毎挙にいとまがないほど多数ある。（　・　）

7 首相の所信表明宴説が野党欠席のまま行われた。（　・　）

8 雌伏十年、苦労の末に念願の帰り咲きを果たした。（　・　）

9 この海域は地下資源の豊庫であり開発が期待されている。（　・　）

10 時代の急激な変化に対応するには、好奇心が不可決です。（　・　）

11 大会記録保持者が自己記録を更新する様はまさに圧観の一語だ。（　・　）

12 コーチは彼に対し事更にきつく当たっているように見えた。（　・　）

13 研修終了後、詳細な報告書を作製して上司に提出した。（　・　）

14 万場の拍手を浴びて登壇した受賞者は感謝の辞を述べた。（　・　）

15 被告は検事の尋問に対して表情も変えずに黙否権を行使した。（　・　）

16 師匠は正当派を任じているが異端を否定するほど狭量ではない。（　・　）

17 都会にいると、田園での自給自足の緩素な生活を夢見る時もある。（　・　）

注 18 この装置は危険を関知した場合にのみ反応を示します。（　・　）

19 権謀術数を巡らし、党運営の首導権を掌中に収めた。（　・　）

20 利用者にとって快適な空間となるよう設計には負心いたしました。（　・　）

21 非常事態を招いたのは関係者の潜薄な思考に原因がある。（　・　）

22 大手企業の賛入は業界活性化につながるので歓迎すべきだ。（　・　）

23 図書館の閲欄室にこもり、膨大な資料を分担して調べた。（　・　）

難 24 他校の教授を講師として招声したが、多忙を理由に断られた。（　・　）

25 夫婦道伴で園遊会に参加し、楽しい時間を共有できた。（　・　）

26 航路の渡中で食料を補給し、再び目的地へと帆を膨らませた。（　・　）

27 借金は近日中に全額返債する予定なので安心してください。（　・　）

注 28 領海内に出没する密糧船を巡視船が発見し追走した。（　・　）

29 逆境を乗り越え、弱点を克復して必死で生きる主人公を応援する。（　・　）

30 会社の内粉に巻き込まれないよう気を付ける。（　・　）

31 格好は派手だが先入感を捨てて付き合うと好青年だとわかる。（　・　）

32 急速に事業を拡超した反動か、社内の体制に不備な点が多い。（　・　）

33 芸能人が執筆した小説が刊行され、各方面から客光を浴びた。（　・　）

34 試験の直前は夜を飽かして必死に机に向かった。（　・　）

35 電車内では音楽プレーヤーの音量や着信音への排慮が欲しい。（　・　）

ONE Point

書き取りで次のように書いても○になる①

無→無・無　戸→戸・戸・户

令→令・令　言→言・言・言

誤字訂正 練習2

実施日

解答は別冊P.27

2 次の各文にまちがって使われている**同じ読みの漢字**が**一字**ある。(　・　)の上に**誤字**を、下に**正しい漢字**を記せ。

(誤・正)

注 1 討論会は除幕から波乱模様でついには中断するに至った。(　・　)

2 両者は双対的に見たところ異同は極めて少ないといえる。(　・　)

難 3 郷里の父が淡精して作った農作物を下宿先まで直接届けてくれた。(　・　)

4 創業以来一貫して機材は同一の継列会社の商品を扱っている。(　・　)

5 大幅な軍備の縮少は国際情勢を考慮して検討を重ねるべきだ。(　・　)

6 契約書の内容を詳細に点倹し、納得したうえで判を押した。(　・　)

7 見通しのきかない急カーブが連続するので対抗車に注意する。(　・　)

8 博物館で巨大な金会に触れる催しがあった。(　・　)

9 移籍によって戦力を補強し、万善を期して優勝を目指す。(　・　)

10 あの大惨事を招いたのは群衆の冒挙を抑止できなかったからだ。(　・　)

11 何事も綿密な計画と準備が関要だと思い知らされた。(　・　)

12 産業界に多大な功績を残した氏はいさぎよく行進に道を譲った。(　・　)

注 13 留守の間に来た卓配便を隣人が預かってくれていた。(　・　)

14 若手作家の絵は大胆な筆置と鮮やかな色彩で見る者を魅了した。(　・　)

15 遺伝子組み換えによる生体系への影響は今後さらに論議を呼ぶだろう。(　・　)

16 日本国憲法が発付されてから半世紀以上の歳月が経過した。(　・　)

難 17 新任教師が理想と現実の間で苦脳する連続ドラマが人気を博した。(　・　)

18 選手は観客の歓鼓に応えて、国旗を手に場内を一周した。（　・　）

19 現代は飽飾の時代といわれるが、精神的な満足は獲得できないでいる。（　・　）

注 20 卒業論文を提出したあと、教授による口答試問が行われた。（　・　）

21 絶滅のおそれがある野生動物の保獲は条例で禁止されている。（　・　）

難 22 慌てていて支離滅裂に話すものだから全く用領を得ない。（　・　）

23 古今東西、桃の花の咲き乱れる理想境を夢見た人は多い。（　・　）

24 漏戸を使って日本酒を小びんに詰め替える。（　・　）

25 多彩な変化球を駆使する投手の活役で試合は完封勝利に終わった。（　・　）

26 岐伏の多い道路を四輪駆動車で速度を上げて疾走した。（　・　）

27 繁華街の露地裏には雑誌に載っていない隠れた名店が多い。（　・　）

28 読者を一喜一憂させた人気の連裁小説が今月号で完結した。（　・　）

難 29 財政改革会議は議論百出となったが最終案は旨当な所に落着した。（　・　）

30 互いの誤解を解消しようと腹蔵なく気の澄むまで語り合った。（　・　）

難 31 企業再建に従事した参謀の回故録には苦労が詳細に記されていた。（　・　）

32 長い時間をかけて準備したがその努力も途労に終わった。（　・　）

33 不測の事態にあっても各自の常識で般断を下してもらいたい。（　・　）

34 景気が低迷する現状を打解する妙案が求められてから久しい。（　・　）

注 35 水面下で幾度となく接衡を重ねた結果、合意に至ることができた。（　・　）

ONE Point

書き取りで次のように書いても○になる②

年→年・年・年　保→保・保

骨→骨・骨

3級

実力完成問題

第1回

解答には、「常用漢字表」に示された漢字の字体、読みを使用すること。旧字体での解答は認めない。

実施日 ／

総得点 ／200

解答は別冊P.29

一 次の——線の漢字の読みをひらがなで記せ。

各1点 ／30

1 先生に作文を添削してもらう。
2 のどの粘膜が乾燥している。
3 数隻の船が岸壁に係留されている。
4 社会に衝撃を与えた出来事だった。
5 港湾を整備する工事が始まる。
6 魔がさしてつまみ食いした。
7 就職を契機に一人暮らしを始める。
8 授業料が免除された。
9 先輩から山岳部に勧誘された。
10 実権を掌中に収める。
11 講師が登壇しセミナーが始まった。
12 迫真の演技に詠嘆の声を発する。
13 見事な完封勝ちだった。
14 全力疾走で駆け抜けた。
15 旬の味覚を満喫する。
16 人前で恥辱を受ける筋合いはない。
17 中国の古い香炉が展示されている。
18 執念で難題を解決した。
19 相手の意向を顧慮する。
20 音波の振幅を大きくする。
21 五本ずつ結わえて束にする。
22 個人情報は他人に漏らすべきでない。

23 旅のお土産を楽しみにしています。

24 成人の日の催しに出席した。

25 生地を裁って仮縫いする。

26 部活動に励む日々だ。

27 語るも愚かなことだ。

28 娘を嫁に出す父親の気持ちだ。

29 滝のように汗が流れる。

30 経をあげて先祖の霊を慰める。

二

次の――線の**カタカナ**にあてはまる漢字をそれぞれの**ア～オ**から**一つ**選び、**記号にマーク**せよ。

各2点 ／30 (2×15)

1 返事を**サイ**促した。

2 国会議員の給与を**サイ**費という。

3 記事には最新情報が満**サイ**だ。

（ア 載　イ オ　ウ 催　エ 彩　オ 歳）

1	〔ア〕	〔イ〕	〔ウ〕	〔エ〕	〔オ〕
2	〔ア〕	〔イ〕	〔ウ〕	〔エ〕	〔オ〕
3	〔ア〕	〔イ〕	〔ウ〕	〔エ〕	〔オ〕

4 作文コンクールに応**ボ**する。

5 パンは酵**ボ**の働きで膨らむ。

6 故人を追**ボ**する碑を建てる。

（ア 慕　イ 墓　ウ 募　エ 母　オ 簿）

4	〔ア〕	〔イ〕	〔ウ〕	〔エ〕	〔オ〕
5	〔ア〕	〔イ〕	〔ウ〕	〔エ〕	〔オ〕
6	〔ア〕	〔イ〕	〔ウ〕	〔エ〕	〔オ〕

7 人物の輪**カク**を描く。

8 **カク**一的な接客を改める。

9 逃げた動物を捕**カク**した。

（ア 穫　イ 獲　ウ 画　エ 較　オ 郭）

7	〔ア〕	〔イ〕	〔ウ〕	〔エ〕	〔オ〕
8	〔ア〕	〔イ〕	〔ウ〕	〔エ〕	〔オ〕
9	〔ア〕	〔イ〕	〔ウ〕	〔エ〕	〔オ〕

10 利害を**チョウ**越して奉仕する。

11 参加者から会費を**チョウ**収する。

12 ご高見を拝**チョウ**します。

（ア 超　イ 彫　ウ 聴　エ 跳　オ 徴）

10	〔ア〕	〔イ〕	〔ウ〕	〔エ〕	〔オ〕
11	〔ア〕	〔イ〕	〔ウ〕	〔エ〕	〔オ〕
12	〔ア〕	〔イ〕	〔ウ〕	〔エ〕	〔オ〕

13 愛用のカメラで写真を**ト**る。

14 村は深い森に**ト**ざされている。

15 交響楽団の指揮を**ト**る。

（ア 閉　イ 溶　ウ 撮　エ 捕　オ 執）

13	〔ア〕	〔イ〕	〔ウ〕	〔エ〕	〔オ〕
14	〔ア〕	〔イ〕	〔ウ〕	〔エ〕	〔オ〕
15	〔ア〕	〔イ〕	〔ウ〕	〔エ〕	〔オ〕

二～五の答えは〔 〕内の記号にマークすること。
＊一・六～十の答えはマークシート方式ではありません。

三

1～5の三つの□に**共通する漢字**を入れて熟語を作れ。漢字は**ア～コ**から**一つ**選び、**記号にマーク**せよ。

各2点 /10 (2×5)

1 □葬・□蔵・□没

2 嘱□・□楼・野□

3 □漫・離□・□策

4 実□・□勢・事□

5 要□・大□・命□

ア 散	イ 託	ウ 請	エ 況	オ 望
カ 綱	キ 土	ク 態	ケ 冗	コ 埋

1	2	3	4	5
[ア][イ][ウ][エ][オ][カ][キ][ク][ケ][コ]	[ア][イ][ウ][エ][オ][カ][キ][ク][ケ][コ]	[ア][イ][ウ][エ][オ][カ][キ][ク][ケ][コ]	[ア][イ][ウ][エ][オ][カ][キ][ク][ケ][コ]	[ア][イ][ウ][エ][オ][カ][キ][ク][ケ][コ]

四

熟語の構成のしかたには次のようなものがある。

各2点 /20 (2×10)

ア 同じような意味の漢字を重ねたもの（**岩石**）
イ 反対または対応の意味を表す字を重ねたもの（**高低**）
ウ 上の字が下の字を修飾しているもの（**洋画**）
エ 下の字が上の字の目的語・補語になっているもの（**着席**）
オ 上の字が下の字の意味を打ち消しているもの（**非常**）

次の**熟語**は右の**ア～オ**のどれにあたるか、**一つ**選び、**記号にマーク**せよ。

1 入籍
2 不遇
3 徐行
4 犠牲
5 無粋
6 硬球
7 添削
8 排他
9 墜落
10 彼我

1	2	3	4	5	6	7	8	9	10
[ア][イ][ウ][エ][オ]	[ア][イ][ウ][エ][オ]	[ア][イ][ウ][エ][オ]	[ア][イ][ウ][エ][オ]	[ア][イ][ウ][エ][オ]	[ア][イ][ウ][エ][オ]	[ア][イ][ウ][エ][オ]	[ア][イ][ウ][エ][オ]	[ア][イ][ウ][エ][オ]	[ア][イ][ウ][エ][オ]

五 次の漢字の**部首**を**ア～エ**から**一つ**選び、**記号にマーク**せよ。

各1点 ／10

1 及（ア ノ　イ 人　ウ 又　エ ㇋）
2 遵（ア ⻌　イ 一　ウ 酉　エ 寸）
3 致（ア 至　イ ム　ウ 土　エ 夂）
4 瀬（ア 氵　イ 木　ウ 貝　エ 頁）
5 籍（ア 日　イ 耒　ウ ⺮　エ 木）
6 歳（ア 小　イ 止　ウ 厂　エ 戈）
7 昇（ア 日　イ ノ　ウ 一　エ 廾）
8 美（ア 八　イ 一　ウ 羊　エ 大）
9 乳（ア し　イ 子　ウ ⺍　エ 爫）
10 辱（ア 厂　イ 辰　ウ 寸　エ 二）

1	2	3	4	5	6	7	8	9	10
[ア][イ][ウ][エ]	[ア][イ][ウ][エ]	[ア][イ][ウ][エ]	[ア][イ][ウ][エ]	[ア][イ][ウ][エ]	[ア][イ][ウ][エ]	[ア][イ][ウ][エ]	[ア][イ][ウ][エ]	[ア][イ][ウ][エ]	[ア][イ][ウ][エ]

六 後の□内のひらがなを漢字に直して□に入れ、**対義語・類義語**を作れ。□内のひらがなは一度だけ使い、□に**一字記入**せよ。

各2点 ／20 2×10

対義語

1 新鮮―陳□
2 興奮―鎮□
3 公開―秘□
4 都心―□外
5 正統―□端

類義語

6 至急―□急
7 妨害―□止
8 消息―音□
9 魂胆―意□
10 明白―□然

い・きん・こう・しん・せい
そ・と・とく・ぷ・れき

二～五の答えは[ ]内の記号にマークすること。
＊一・六～十の答えはマークシート方式ではありません。

七 次の――線のカタカナを漢字一字と送りがな（ひらがな）に直せ。

各2点 ／10 2×5

〈例〉 問題にコタエル。　（答える）

1 希望をステルのはまだ早い。（　）

2 いくら費用がかかってもカマワない。（　）

3 ついたてで部屋をヘダテル。（　）

4 厳しい質問をアビセル。（　）

5 金星を見つけようと目をコラス。（　）

八 文中の四字熟語の――線のカタカナを漢字に直せ。（　）の中には二字記入せよ。

各2点 ／20 2×10

1 迷惑センバンな話を持ち込まれた。（　）

2 教授の博学タサイぶりに驚く。（　）

3 白熱した試合に一喜イチユウする。（　）

4 主将がメイジツ一体の技を見せた。（　）

5 相手をシタサキ三寸で丸め込む。（　）

6 悪逆ムドウの犯罪だった。（　）

7 テキシャ生存の世界を生きる。（　）

8 受験生をコブ激励する。（　）

9 カンコン葬祭に親類が集まる。（　）

10 二人はイタイ同心の間柄だ。（　）

九 次の各文にまちがって使われている同じ読みの漢字が一字ある。上の（　）に誤字を、下の〔　〕に正しい漢字を記せ。

各2点 ／10 2×5

1 アジアにおける日本の植民地司配の全体像を多角的にとらえた論文だ。　誤（　）正〔　〕

2 予妨接種は体調の良い時に、同意書に署名をした上で受けてください。（　）〔　〕

3 今後も情報通信分野は加息度的な発達を続け、生活により浸透していくだろう。

4 万物に宿る神秘の力、生命の輝きが一見変鉄のない写真から感じ取れる。

5 美力的なイベント情報を満載した若者向けのフリーペーパーが続々と刊行される。

十 次の——線のカタカナを漢字に直せ。

各2点 /40 2×20

1 犯人はホウイ網に入った。
2 会話が途切れ、チンモクが続いた。
3 日米シュノウ会談が開催される。
4 両国はミツヤクを交わしていた。
5 オウボウな上司に不満を持つ。
6 新しいエキショウテレビを買った。
7 コーヒーにサトウを入れる。
8 キソからきちんと学ぶのが早道だ。
9 彼女はまさに深窓のレイジョウだ。
10 用紙の大きさにはキカクがある。
11 マゴデシに名人がけいこをつける。
12 トウトツに話を切り出した。
13 オドすようなことを言わないでくれ。
14 父のクチグセがうつってしまった。
15 パンがクロコげになってしまった。
16 劇場へシバイを見に行く。
17 聞くもアワれな話にもらい泣きした。
18 不要な書類がマギれてしまった。
19 あの事件が二人の仲を引きサいた。
20 空き地にノギクが咲いている。

3級

実力完成問題 第2回

解答には、「常用漢字表」に示された漢字の字体、読みを使用すること。旧字体での解答は認めない。

実施日

総得点 /200

解答は別冊P.30

一 次の――線の漢字の読みをひらがなで記せ。

各1点 /30

1 間伐して木の生育を促進する。
2 清廉な政治家が代表になった。
3 静脈注射で病状は安定した。
4 映画館で邦画を見た。
5 既定の路線を維持する。
6 目標のない空虚な毎日だ。
7 光輝ある伝統を持つ学校だ。
8 南海に浮かぶ魅惑的な島です。
9 荒野を開墾して農場にした。
10 芸術を鑑賞する審美眼を養う。
11 手紙の入った容器が海岸に漂着した。

12 遠くに霊峰富士をのぞむ。
13 子どもの屈託のない寝顔を守りたい。
14 二人の証言は完全に符合していた。
15 事業に新機軸を打ち出す。
16 データを年齢別に抽出した。
17 自然の摂理に従って生きる。
18 人道主義を鼓吹する。
19 ゲレンデで斜滑降を練習する。
20 朱塗りの楼門をくぐり参道を歩く。
21 風邪は万病のもといわれる。
22 筋力が少し衰えたようだ。

23 経費が予想以上に膨れ上がった。
24 ライバルを押しのけて権力を握る。
25 日課を怠けて気がとがめる。
26 委員を辞めさせてもらう。
27 最後まで信念を貫いた。
28 時代の隔たりを感じさせない曲だ。
29 単身で転勤先に赴いた。
30 海に臨んだホテルに泊まった。

二 次の――線のカタカナにあてはまる漢字をそれぞれのア〜オから一つ選び、記号にマークせよ。

各2点 /30 (2×15)

1 組織の中で内フンが絶えない。
2 過去のフン飾決算が問題になる。
3 社会人としてのフン別が必要だ。
（ア噴　イ粉　ウ紛　エ分　オ奮）

4 ビタミンが欠ボウしている。
5 山上の宿ボウに泊まる。
6 ボウ国の要人が来日した。
（ア某　イ妨　ウ坊　エ防　オ乏）

7 自分をヒ下する必要はない。
8 石ヒを建てて後世に伝える。
9 金属ヒ労がないか点検する。
（ア避　イ疲　ウ碑　エ卑　オ被）

10 人生のキ路に立つ。
11 競馬キ手として活躍する。
12 経営はキ道に乗ってきた。
（ア軌　イ危　ウ岐　エ忌　オ騎）

13 目のツんだ布地を使う。
14 父の遺産を受けツぐ。
15 経験をツんで成長する。
（ア積　イ詰　ウ連　エ継　オ摘）

二〜五の答えは［］内の記号にマークすること。
＊一・六〜十の答えはマークシート方式ではありません。

三

1～**5**の三つの□に**共通する漢字**を入れて熟語を作れ。漢字は**ア**～**コ**から**一つ**選び、**記号にマーク**せよ。

各2点 ／10 （2×5）

1 □誤・□雑・交□

2 遭□・待□・処□

3 未□・完□・□行

4 高□・抑□・浮□

5 □範・□様・□倣

ア 遇	イ 了	ウ 不	エ 模	オ 難
カ 錯	キ 軌	ク 圧	ケ 揚	コ 遂

1	2	3	4	5
[ア][イ][ウ][エ][オ][カ][キ][ク][ケ][コ]	[ア][イ][ウ][エ][オ][カ][キ][ク][ケ][コ]	[ア][イ][ウ][エ][オ][カ][キ][ク][ケ][コ]	[ア][イ][ウ][エ][オ][カ][キ][ク][ケ][コ]	[ア][イ][ウ][エ][オ][カ][キ][ク][ケ][コ]

四

熟語の構成のしかたには次のようなものがある。

各2点 ／20 （2×10）

ア 同じような意味の漢字を重ねたもの　**（岩石）**

イ 反対または対応の意味を表す字を重ねたもの　**（高低）**

ウ 上の字が下の字を修飾しているもの　**（洋画）**

エ 下の字が上の字の目的語・補語になっているもの　**（着席）**

オ 上の字が下の字の意味を打ち消しているもの　**（非常）**

次の**熟語**は右の**ア**～**オ**のどれにあたるか、**一つ**選び、**記号にマーク**せよ。

1 空虚

2 佳境

3 炊飯

4 未熟

5 惜春

6 波浪

7 脱獄

8 攻防

9 幼稚

10 後悔

1	2	3	4	5
[ア][イ][ウ][エ][オ]	[ア][イ][ウ][エ][オ]	[ア][イ][ウ][エ][オ]	[ア][イ][ウ][エ][オ]	[ア][イ][ウ][エ][オ]

6	7	8	9	10
[ア][イ][ウ][エ][オ]	[ア][イ][ウ][エ][オ]	[ア][イ][ウ][エ][オ]	[ア][イ][ウ][エ][オ]	[ア][イ][ウ][エ][オ]

五

次の漢字の**部首**を**ア〜エ**から**一つ**選び、**記号にマーク**せよ。

各1点 /10

1 藩（ア艹　イ氵　ウ釆　エ田）
2 零（ア人　イ丶　ウ雨　エ冖）
3 廊（ア厂　イ广　ウ日　エ阝）
4 瞬（ア冖　イ目　ウ爫　エ舛）
5 敢（ア工　イ耳　ウ二　エ攵）
6 垂（アノ　イ十　ウ土　エ丨）
7 審（ア宀　イ木　ウ禾　エ田）
8 礎（ア石　イ木　ウ人　エ𧾷）
9 婆（ア氵　イ皮　ウ一　エ女）
10 尿（ア口　イノ　ウ尸　エ水）

1	2	3	4	5	6	7	8	9	10
[ア][イ][ウ][エ]	[ア][イ][ウ][エ]	[ア][イ][ウ][エ]	[ア][イ][ウ][エ]	[ア][イ][ウ][エ]	[ア][イ][ウ][エ]	[ア][イ][ウ][エ]	[ア][イ][ウ][エ]	[ア][イ][ウ][エ]	[ア][イ][ウ][エ]

六

後の□内のひらがなを漢字に直して□に入れ、**対義語・類義語**を作れ。□内のひらがなは一度だけ使い、□に**一字記入**せよ。

各2点 /20 2×10

対義語

1 弟子―□匠
2 概要―□細
3 起床―□寝
4 零落―□達
5 逮捕―□放

類義語

6 両者―□方
7 除去―□除
8 策謀―計□
9 便利―重□
10 監禁―□閉

えい・し・しゃく・しゅう・しょう
そう・はい・ほう・ゆう・りゃく

二〜**五**の答えは[ ]内の記号にマークすること。
＊**一**・**六**〜**十**の答えはマークシート方式ではありません。

七

次の——線のカタカナを漢字一字と送りがな（ひらがな）に直せ。

各2点 /10 2×5

〈例〉問題にコタエル。（答える）

1 表情にハゲシイ変化が見られる。（　）

2 運を天にマカセルことにする。（　）

3 入院中の友人をハゲマス。（　）

4 ご恩にムクイルように努めます。（　）

5 町が大雪にウモレル。（　）

八

文中の四字熟語の——線のカタカナを漢字に直せ。（　）の中には二字記入せよ。

各2点 /20 2×10

1 サンシ水明の景勝地を訪れる。（　）

2 賛成か反対かの二者タクイツを迫る。（　）

3 暴君が兵をカッサツ自在に操る。（　）

4 好物を前にキショク満面だ。（　）

5 九分クリン勝利を手中にしていた。（　）

6 つまらない話でショウシ千万だ。（　）

7 片言セキゴも聞き逃さない。（　）

8 マンゲン放語は慎むべきだ。（　）

9 昼夜ケンコウで作業する。（　）

10 疑われたが事実ムコンだ。（　）

九

次の各文にまちがって使われている同じ読みの漢字が一字ある。上の（　）に誤字を、下の〔　〕に正しい漢字を記せ。

各2点 /10 2×5

1 政府は傾斜地の住宅建築について法的規制を検討する方申だ。（誤　）〔正　〕

2 新聞に連載されている話題の随筆は、作者の急病により突徐中断されることになった。（　）〔　〕

3 病院内では医療機器への影響から揭帯電話の電源を切らねばならない場合がある。（　）（　）

4 上京を決断した時、集団の人々は親元から離れて暮らすことを心配してくれた。（　）（　）

5 事故防止のため、バスの走行中は車内での座席の異動をご遠慮ください。（　）（　）

十 次の——線のカタカナを漢字に直せ。

各2点 /40 (2×20)

1 列車がケイテキを鳴らした。（　）

2 先端技術にキョウタンした。（　）

3 感情のキフクが大きい人だ。（　）

4 相手の悪だくみをカンパする。（　）

5 知事選のコウホ者が出そろう。（　）

6 グレツな発言をとがめられた。（　）

7 イアン旅行で温泉に行く。（　）

8 明治以降、オウベイ化が進んだ。（　）

9 いざとなったらカンに頼ろう。（　）

10 黒潮はダンリュウである。（　）

11 再び敗北をキッする。（　）

12 スピーチの前はキンチョウする。（　）

13 辺り一面にクワバタケが広がる。（　）

14 母校のナオれとなる行為だ。（　）

15 サトイモを煮るにおいがする。（　）

16 ツミを憎んで人を憎まず。（　）

17 春の夜空にオトメ座を探す。（　）

18 アサセで潮干狩りを楽しむ。（　）

19 終盤に持ち前のネバりを見せた。（　）

20 消防車の音にムナサワぎがした。（　）

3級配当漢字表

（赤字は高校で学習する読み）

漢字	読み	部首
哀	アイ あわ-れ・あわ-れむ	口
慰	イ なぐさ-める・なぐさ-む	心
詠	エイ よ-む	言
悦	エツ	忄
閲	エツ	門
炎	エン ほのお	火
宴	エン	宀
欧	オウ	欠
殴	オウ なぐ-る	殳
乙	オツ	乙
卸	おろ-す おろし	卩
穏	オン おだ-やか	禾
佳	カ	亻
架	カ か-ける・か-かる	木
華	カ・ケ はな	艹

漢字	読み	部首
嫁	カ よめ・とつ-ぐ	女
餓	ガ	飠
怪	カイ あや-しい・あや-しむ	忄
悔	カイ く-いる く-やむ くや-しい	忄
塊	カイ かたまり	土
慨	ガイ	忄
該	ガイ	言
概	ガイ	木
郭	カク	阝
隔	カク へだ-てる・へだ-たる	阝
穫	カク	禾
岳	ガク たけ	山
掛	か-ける・か-かる かかり	扌
滑	カツ・コツ すべ-る・なめ-らか	氵

漢字	読み	部首
肝	カン きも	月《にくづき》
冠	カン かんむり	冖
勘	カン	力
貫	カン つらぬ-く	貝
喚	カン	口
換	カン か-える・か-わる	扌
敢	カン	攵
緩	カン ゆる-い ゆる-やか ゆる-む・ゆる-める	糸
企	キ くわだ-てる	人
忌	キ い-む・い-まわしい	心
軌	キ	車
既	キ すで-に	旡
棋	キ	木
棄	キ	木

漢字	読み	部首
騎	キ	馬
欺	ギ あざむ-く	欠
犠	ギ	牛
菊	キク	艹
吉	キチ キツ	口
喫	キツ	口
虐	ギャク しいた-げる	虍
虚	キョ コ	虍
峡	キョウ	山
脅	キョウ おびや-かす おど-す おど-かす	肉
凝	ギョウ こ-る・こ-らす	冫
斤	キン	斤
緊	キン	糸
愚	グ おろ-か	心
偶	グウ	亻

漢字	読み	部首
遇	グウ	辶
刑	ケイ	刂
契	ケイ ちぎ-る	大
啓	ケイ	口
掲	ケイ かか-げる	扌
携	ケイ たずさ-える たずさ-わる	扌
憩	ケイ いこ-い・いこ-う	心
鶏	ケイ にわとり	鳥
鯨	ゲイ くじら	魚
倹	ケン	亻
賢	ケン かしこ-い	貝
幻	ゲン まぼろし	幺
孤	コ	子
弧	コ	弓
雇	コ やと-う	隹

漢字	読み	部首
顧	コ かえり-みる	頁
娯	ゴ	女
悟	ゴ さと-る	忄
孔	コウ	子
巧	コウ たく-み	工
甲	コウ カン	田
坑	コウ	土
拘	コウ	扌
郊	コウ	阝
控	コウ ひか-える	扌
慌	コウ・あわ-てる あわ-ただしい	忄
硬	コウ かた-い	石
絞	コウ しぼ-る し-める し-まる	糸
綱	コウ つな	糸
酵	コウ	酉

漢字	読み	部首
克	コク	儿
獄	ゴク	犭
恨	コン うら-む・うら-めしい	忄
紺	コン	糸
魂	コン たましい	鬼
墾	コン	土
債	サイ	亻
催	サイ もよお-す	亻
削	サク けず-る	刂
搾	サク しぼ-る	扌
錯	サク	金
撮	サツ と-る	扌
擦	サツ す-る・す-れる	扌
暫	ザン	日
祉	シ	礻
施	シ・セ ほどこ-す	方

漢字	読み	部首
諮	シ はか-る	言
侍	ジ さむらい	亻
慈	ジ いつく-しむ	心
軸	ジク	車
疾	シツ	疒
湿	シツ しめ-る・しめ-す	氵
赦	シャ	赤
邪	ジャ	阝
殊	シュ こと	歹
寿	ジュ ことぶき	寸
潤	ジュン うるお-う うるお-す うる-む	氵
遵	ジュン	辶
如	ジョ ニョ	女
徐	ジョ	彳
匠	ショウ	匚

漢字	読み	部首
昇	ショウ のぼ-る	日
掌	ショウ	手
晶	ショウ	日
焦	ショウ こ-げる・こ-がす こ-がれる あせ-る	灬
衝	ショウ	行
鐘	ショウ かね	釒
冗	ジョウ	冖
嬢	ジョウ	女
錠	ジョウ	釒
譲	ジョウ ゆず-る	言
嘱	ショク	口
辱	ジョク はずかし-める	辰
伸	シン の-びる の-ばす の-べる	亻
辛	シン から-い	辛

漢字	読み	部首
審	シン	宀
炊	スイ た-く	火
粋	スイ いき	米
衰	スイ おとろ-える	衣
酔	スイ よ-う	酉
遂	スイ と-げる	辶
穂	スイ ほ	禾
随	ズイ	阝
髄	ズイ	骨
瀬	せ	氵
牲	セイ	牛
婿	セイ むこ	女
請	セイ・シン こ-う・う-ける	言
斥	セキ	斤
隻	セキ	隹
惜	セキ お-しい・お-しむ	忄

漢字	読み	部首
籍	セキ	⺮
摂	セツ	扌
潜	セン ひそ-む・もぐ-る	氵
繕	ゼン つくろ-う	糸
阻	ソ はば-む	阝
措	ソ	扌
粗	ソ あら-い	米
礎	ソ いしずえ	石
双	ソウ ふた	又
桑	ソウ くわ	木
掃	ソウ は-く	扌
葬	ソウ ほうむ-る	艹
遭	ソウ あ-う	辶
憎	ゾウ にく-む・にく-い にく-らしい にく-しみ	忄
促	ソク うなが-す	亻

漢字	読み	部首
賊	ゾク	貝
怠	タイ おこた-る・なま-ける	心
胎	タイ	月《にくづき》
袋	タイ ふくろ	衣
逮	タイ	辶
滞	タイ とどこお-る	氵
滝	たき	氵
択	タク	扌
卓	タク	十
託	タク	言
諾	ダク	言
奪	ダツ うば-う	大
胆	タン	月《にくづき》
鍛	タン きた-える	釒
壇	ダン タン	土
稚	チ	禾

巻末資料

漢字	読み	部首
畜	チク	田
窒	チツ	穴
抽	チュウ	扌
鋳	チュウ いる	釒
駐	チュウ	馬
彫	チョウ ほる	彡
超	チョウ こえる・こす	走
聴	チョウ きく	耳
陳	チン	阝
鎮	チン しずめる・しずまる	釒
墜	ツイ	土
帝	テイ	巾
訂	テイ	言
締	テイ しまる・しめる	糹
哲	テツ	口
斗	ト	斗
塗	ト ぬる	土
凍	トウ こおる・こごえる	冫
陶	トウ	阝
痘	トウ	疒
匿	トク	匸
篤	トク	竹
豚	トン ぶた	豕
尿	ニョウ	尸
粘	ネン ねばる	米
婆	バ	女
排	ハイ	扌
陪	バイ	阝
縛	バク しばる	糹
伐	バツ	亻
帆	ハン ほ	巾
伴	ハン・バン ともなう	亻
畔	ハン	田
藩	ハン	艹
蛮	バン	虫
卑	ヒ いやしい いやしむ いやしめる	十
碑	ヒ	石
泌	ヒツ ヒ	氵
姫	ひめ	女
漂	ヒョウ ただよう	氵
苗	ビョウ なえ・なわ	艹
赴	フ おもむく	走
符	フ	竹
封	フウ・ホウ	寸
伏	フク ふせる・ふす	亻
覆	フク おおう くつがえす くつがえる	襾
紛	フン・まぎれる まぎらす まぎらわす まぎらわしい	糹
墳	フン	土
癖	ヘキ くせ	疒
募	ボ つのる	力
慕	ボ したう	小
簿	ボ	竹
芳	ホウ かんばしい	艹
邦	ホウ	阝
奉	ホウ・ブ たてまつる	大
胞	ホウ	月《にくづき》
倣	ホウ ならう	亻
崩	ホウ くずれる・くずす	山
飽	ホウ あきる・あかす	飠
縫	ホウ ぬう	糹
乏	ボウ とぼしい	ノ

漢字	読み	部首
妨	ボウ さまた-げる	女
房	ボウ ふさ	戸
某	ボウ	木
膨	ボウ ふく-らむ・ふく-れる	月《にくづき》
謀	ボウ・ム はか-る	言
墨	ボク すみ	土
没	ボツ	氵
翻	ホン ひるがえ-る ひるがえ-す	羽
魔	マ	鬼
埋	マイ・う-める う-まる・う-もれる	土
膜	マク	月《にくづき》
又	また	又
魅	ミ	鬼
滅	メツ ほろ-びる・ほろ-ぼす	氵
免	メン まぬか-れる	儿

漢字	読み	部首
幽	ユウ	幺
誘	ユウ さそ-う	言
憂	ユウ うれ-える うれ-い う-い	心
揚	ヨウ あ-げる・あ-がる	扌
揺	ヨウ ゆ-れる・ゆ-る ゆ-らぐ・ゆ-るぐ ゆ-する ゆ-さぶる ゆ-すぶる	扌
擁	ヨウ	扌
抑	ヨク おさ-える	扌
裸	ラ はだか	衤
濫	ラン	氵
吏	リ	口
隆	リュウ	阝
了	リョウ	亅
猟	リョウ	犭

漢字	読み	部首
陵	リョウ みささぎ	阝
糧	リョウ・ロウ かて	米
厘	リン	厂
励	レイ はげ-む・はげ-ます	力
零	レイ	⻗
霊	レイ・リョウ たま	⻗
裂	レツ さ-く・さ-ける	衣
廉	レン	广
錬	レン	金
炉	ロ	火
浪	ロウ	氵
廊	ロウ	广
楼	ロウ	木
漏	ロウ も-る も-れる も-らす	氵
湾	ワン	氵

計	二八四字
四級までの合計	一三三九字
累《るい》計《けい》	一六二三字

四字熟語とその意味

▼あ

□安穏無事《あんのんぶじ》　変わったこともなく穏やかなこと。

▼い

□意気衝天《いきしょうてん》　この上なく勢いがあること。

□一日《いちじつ》《いちにち》千秋《せんしゅう》　大変待ち遠しいことのたとえ。

□一喜一憂《いっきいちゆう》　状況が変化するたび、喜んだり心配したりすること。

□一騎当千《いっきとうせん》　一人で千人の敵を相手にできるほど実力があること。

□一虚一実《いっきょいちじつ》　いろいろ変化して、物事の予測ができないこと。

□陰陰滅滅《いんいんめつめつ》　暗く陰気で気の滅入るさま。

▼う

□雲翻雨覆《うんぽんうふく》　世の人の態度や人情が移ろいやすいことのたとえ。

▼え

□栄華秀英《えいかしゅうえい》　草木の花のこと。

□栄枯盛衰《えいこせいすい》　人や家などが栄えたり衰えたりすること。

□遠慮近憂《えんりょきんゆう》　先々のことを見通して行動しないと、身近なところに心配ごとが生じるということ。

▼お

□応急措置《おうきゅうそち》　急場の間に合わせにする仮の処置。

□温厚篤実《おんこうとくじつ》　穏やかで温かく誠実な人柄。

▼か

□佳人薄命《かじんはくめい》　美人はとかく命が短い。

□花鳥風月《かちょうふうげつ》　自然の美しい景物。

□感慨無量《かんがいむりょう》　はかりしれないほど身にしみて感じること。

□緩急自在《かんきゅうじざい》　速度などを遅くしたり速くしたりして、思うままに操ること。

□冠婚葬祭《かんこんそうさい》　慶弔《けいちょう》の儀式のこと。

▼き

□奇奇怪怪《ききかいかい》　常識では考えられないような不思議なこと。そのさま。

□危急存亡《ききゅうそんぼう》　生きるか死ぬかの瀬戸際《せとぎわ》。

□喜怒哀楽《きどあいらく》　人間の持っているさまざまな感情。

□器用貧乏《きようびんぼう》　器用なためあちこち手を出し、かえって中途半端となり大成しないこと。

□玉石混交《ぎょくせきこんこう》　優れたものと劣ったものが入り交じっていること。

▼く

□空前絶後《くうぜんぜつご》　きわめて珍しいこと。

□愚問愚答《ぐもんぐとう》　実りのないつまらない問答。

▼け

□軽慮浅謀《けいりょせんぼう》　浅はかな考えや計画。

□現状維持《げんじょういじ》　現在の状態がそのままで変化しないこと。また、現在の状態をそのまま保つこと。

▼こ

□高論卓説《こうろんたくせつ》　抜きん出て優れた意見。

□国士無双《こくしむそう》　国内に並ぶ者がいないほど優れた人物。

□孤軍奮闘《こぐんふんとう》　支援する者がない中で、一人で懸命《けんめい》に努力すること。

□古今無双《ここんむそう》　現在に至るまで匹敵するものがないこと。

□孤城落日《こじょうらくじつ》　零落して昔の勢いを失い、助けもなく心細いさま。

□鼓舞激励《こぶげきれい》　盛んにふるいたたせ励ますこと。

□孤立無援《こりつむえん》　ひとりぼっちで頼るものがないこと。

▼さ

□三寒四温《さんかんしおん》　寒い日が三日続くと暖かい日が四日続くような冬の気候のこと。

□ 山紫水明《さんしすいめい》　自然の景観が清らかで美しいこと。

▼し

□ 事後承諾《じごしょうだく》　事がすんだあとで、それについての承諾をすること。

□ 時代錯誤《じだいさくご》　時代の流れに合わない昔ながらの考え。

□ 失望落胆《しつぼうらくたん》　希望を失い、非常にがっかりすること。

□ 四分五裂《しぶんごれつ》　ばらばらで統一感のないさま。

□ 自暴自棄《じぼうじき》　捨てばちで、やけくそになること。そのさま。

□ 終始一貫《しゅうしいっかん》　はじめから終わりまで、言動や態度が変わらないこと。

□ 取捨選択《しゅしゃせんたく》　不必要なものを捨てて、必要なものを選ぶこと。

□ 首尾一貫《しゅびいっかん》　はじめから終わりまで、方針や態度が変わらないこと。

□ 笑止千万《しょうしせんばん》　非常にくだらなくて、ばかばかしいこと。

□ 生者必滅《しょうじゃひつめつ》　生きているものは必ず死ぬこと。

□ 深山幽谷《しんざんゆうこく》　人里離れた静かな自然。

□ 神出鬼没《しんしゅつきぼつ》　すばやく現れたり隠れたりし、出没が変幻自在なさま。

□ 針小棒大《しんしょうぼうだい》　大げさに言うこと。

▼せ

□ 是非曲直《ぜひきょくちょく》　物事の善悪。

□ 千客万来《せんきゃくばんらい》　商売繁盛のたとえ。多くの客が絶え間なくやってくること。

□ 潜在意識《せんざいいしき》　心の奥底にひそんでいる、自覚されない意識。

□ 千載一遇《せんざいいちぐう》　またとないよい機会。

□ 全身全霊《ぜんしんぜんれい》　その人の体力と気力のすべて。

□ 千辛万苦《せんしんばんく》　さまざまな苦しみや難儀のこと。

□ 先制攻撃《せんせいこうげき》　先手を取って相手を攻めること。

□ 前途有望《ぜんとゆうぼう》　将来に大いに見込みがあること。

▼そ

□ 粗衣粗食《そいそしょく》　質素な生活・貧しい生活のたとえ。

□ 粗製濫造《そせいらんぞう》　質の悪い品をやたらに多く製造すること。

□ 率先垂範《そっせんすいはん》　人に先立って模範を示すこと。

▼た

□ 大器晩成《たいきばんせい》　大人物は往々にして、遅れて頭角を現すことのたとえ。

□ 大義名分《たいぎめいぶん》　行為などの根拠となる正当な理由や道理。

□ 滞言滞句《たいげんたいく》　言葉にばかりこだわって、真の道理が理解できないこと。

□ 大胆不敵《だいたんふてき》　度胸があって、恐れ驚かないこと。そのさま。

□ 多情多恨《たじょうたこん》　物事に感じやすいために、恨みや悲しみも多いこと。

□ 胆大心小《たんだいしんしょう》　大胆でしかも細心の注意を払うこと。

▼ち

□ 昼夜兼行《ちゅうやけんこう》　昼と夜の区別なく、続けて物事を行うこと。

▼て

□ 天衣無縫《てんいむほう》　飾り気がなく、自然であること。

▼と

□ 同帰殊塗《どうきしゅと》　帰着するところは同じだが、そこに至る道が異なること。

□ 道聴塗説《どうちょうとせつ》　学問や知識を正しく理解しないで、知ったかぶりをして他人に話すこと。いい加減な受け売り話。

▼な

□ 難攻不落《なんこうふらく》　攻めにくく簡単には陥落《かんらく》しないこと。

▼に

□ 二者択一《にしゃたくいつ》　二つの物事のうち、一つを選ぶこと。

□ 日常茶飯《にちじょうさはん》　ごくありふれたこと。毎日の食事の意から。

□ 日進月歩《にっしんげっぽ》　とどまることなく、絶えず進歩すること。

□二《に》人《にん》三《さん》脚《きゃく》　二人が互いに助け合って事に当たること。

▼は

□破《は》顔《がん》一《いっ》笑《しょう》　顔をほころばせて、にっこり笑うこと。

□薄《はく》志《し》弱《じゃっ》行《こう》　意志が弱く実行力が乏しいこと。

□馬《ば》耳《じ》東《とう》風《ふう》　人の意見や注意を心に留めず聞き流すこと。

▼ひ

□百《ひゃっ》鬼《き》夜《や》行《こう》　得体の知れない人々が奇怪な振る舞いをすること。また、多くの悪人がのさばりはびこるたとえ。

▼ふ

□不《ふ》朽《きゅう》不《ふ》滅《めつ》　いつまでも滅びないこと。

□複《ふく》雑《ざつ》怪《かい》奇《き》　事情がこみ入っていて不可解なこと。

□不《ふ》老《ろう》長《ちょう》寿《じゅ》　いつまでも老いることなく長生きすること。

□奮《ふん》励《れい》努《ど》力《りょく》　気力を奮い起こして努め励む。

▼へ

□平《へい》穏《おん》無《ぶ》事《じ》　何事もなく穏やかなこと。

□変《へん》幻《げん》自《じ》在《ざい》　思いのままにすばやく変化すること。変わり身が早いこと。

□片《へん》言《げん》隻《せき》語《ご》　わずかな言葉。ほんのひと言ふた言。

▼ほ

□本《ほん》末《まつ》転《てん》倒《とう》　物事の大事なこととそうでないことを逆にすること。

▼ま

□漫《まん》言《げん》放《ほう》語《ご》　言いたい放題。

▼む

□無《む》為《い》無《む》策《さく》　なんの対策もないまま、腕をこまねいて見ていること。

□無《む》味《み》乾《かん》燥《そう》　内容がなく、味わいやおもしろみがないこと。

▼め

□名《めい》実《じつ》一《いっ》体《たい》　名称と実質、評判と実際が一致していること。

□迷《めい》惑《わく》千《せん》万《ばん》　たいへん迷惑なこと。

□滅《めっ》私《し》奉《ほう》公《こう》　自分の利益や欲望を捨てて、公のために尽くすこと。

□免《めん》許《きょ》皆《かい》伝《でん》　極意を伝授すること。

□面《めん》目《ぼく》躍《やく》如《じょ》　世間の評価にふさわしい活躍をして、いきいきとしていること。世間に対して顔が立つこと。

▼も

□問《もん》答《どう》無《む》用《よう》　問い答えをする必要がない。議論しても何の益もないこと。

▼ゆ

□優《ゆう》柔《じゅう》不《ふ》断《だん》　いつまでもぐずぐずして物事の決断ができないこと。

□有《ゆう》名《めい》無《む》実《じつ》　名ばかり立派で、実質がそれに伴わないこと。

□油《ゆ》断《だん》大《たい》敵《てき》　気の緩みがあやまちを招くことの戒め。

▼よ

□用《よう》意《い》周《しゅう》到《とう》　心づかいが行き届いて、準備に手ぬかりのないさま。

□容《よう》姿《し》端《たん》麗《れい》　姿かたちの美しいこと。

▼り

□流《りゅう》言《げん》飛《ひ》語《ご》　確かな根拠のないうわさ。

□理《り》路《ろ》整《せい》然《ぜん》　物事や考えの筋道が通っていること。

□臨《りん》機《き》応《おう》変《へん》　状況や事態の変化に応じて適切な処置をすること。

▼ろ

□論《ろん》旨《し》明《めい》快《かい》　議論の主旨・要旨が、はっきり筋道が通っていてわかりやすいこと。

学年別漢字配当表

「小学校学習指導要領」（令和2年4月実施）による。

	第一学年 10級	第二学年 9級	第三学年 8級	第四学年 7級	第五学年 6級	第六学年 5級
ア			悪安暗	愛案	圧	
イ	一	引	医委意育員院飲	以衣位茨印	囲移因	胃異遺域
ウ	右雨	羽雲	運			宇
エ	円	園遠	泳駅	英栄媛塩	永営衛易益液演	映延沿
オ	王音		央横屋温	岡億	応往桜	恩
カ	下火花貝学	何科夏家歌画回会海絵外角楽活間丸岩顔	化荷界開階寒感漢館岸	加果貨課芽賀改械害街各覚潟完官管関観願	可仮価河過快解格確額刊幹慣眼	我灰拡革閣割株干巻看簡
キ	気九休玉金	汽記帰弓牛魚京強教近	起期客究急級宮球去橋業曲局銀	岐希季旗器機議求泣給挙漁共協鏡競極	紀基寄規喜技義逆久旧救居許境均禁	危机揮貴疑吸供胸郷勤筋
ク	空		区苦具君	熊訓軍郡群	句	
ケ	月犬見	兄形計元言原	係軽血決研県	径景芸欠結建健験	型経潔件険検限現減	系敬警劇激穴券絹権憲源厳
コ	五口校	戸古午後語工公広交光考行高黄合谷国黒今	庫湖向幸港号根	固功好香候康	故個護効厚耕航鉱構興講告混	己呼誤后孝皇紅降鋼刻穀骨困
サ	左三山	才細作算	祭皿	佐差菜最埼材崎昨札刷察参産散残	査再災妻採際在財罪殺雑酸賛	砂座済裁策冊蚕

シ	ス	セ	ソ	タ	チ	ツ	テ	ト	ナ	ニ	ネ	ノ
子四糸字耳七車手十出女小上森人	水	正生青夕石赤千川先	早草足村	大男	竹中虫町		天田	土		二日入	年	
止市矢姉思紙寺自時室社弱首秋週春書少場色食心新親	図数	西声星晴切雪船線前	組走	多太体台	地池知茶昼長鳥朝直	通	弟店点電	刀冬当東答頭同道読	内南	肉		
仕死使始指歯詩次事持式実写者主守取酒受州拾終習集住重宿所暑助昭消商章勝乗植申身神真深進		世整昔全	相送想息速族	他打対待代第題炭短談	着注柱丁帳調	追	定庭笛鉄転	都度投豆島湯登等動童				農
氏司試児治滋辞鹿失借種周祝順初松笑唱焼照城縄臣信		井成省清静席積折節説浅戦選然	争倉巣束側続卒孫	帯隊達単	置仲沖兆		低底的典伝	徒努灯働特徳栃	奈梨		熱念	
士支史志枝師資飼示似識質舎謝授修述術準序招証象賞条状常情織職		制性政勢精製税責績接設絶	祖素総造像増則測属率損	貸態団断	築貯張		停提程適	統堂銅導得毒独		任	燃	能
至私姿視詞誌磁射捨尺若樹収宗就衆従縦縮熟純処署諸除承将傷障蒸針仁	垂推寸	盛聖誠舌宣専泉洗染銭善	奏窓創装層操蔵臓存尊	退宅担探誕段暖	値宙忠著庁頂腸潮賃	痛	敵展	討党糖届	難	乳認		納脳

学年	ハ	ヒ	フ	ヘ	ホ	マ	ミ	ム	メ	モ	ヤ	ユ	ヨ	ラ	リ	ル	レ	ロ	ワ	字数
第一学年（10級）	白八	百	文		木本				名	目					立力林			六		学年字数 80字 累計《るいけい》字数 80字
第二学年（9級）	馬売買麦半番		父風分聞	米	歩母方北	毎妹万			明鳴	毛門	夜野	友	用曜	来	里理				話	学年字数 160字 累計字数 240字
第三学年（8級）	波配倍箱畑発 反坂板	皮悲美鼻筆氷 表秒病品	負部服福物	平返勉	放		味		命面	問	役薬	由油有遊	予羊洋葉陽様	落	流旅両緑		礼列練	路	和	学年字数 200字 累計字数 440字
第四学年（7級）	敗梅博阪飯	飛必票標	不夫付府阜富 副	兵別辺変便	包法望牧	末満	未民	無			約	勇	要養浴		利陸良料量輪	類	令冷例連	老労録		学年字数 202字 累計字数 642字
第五学年（6級）	破犯判版	比肥非費備評 貧	布婦武復複仏 粉	編弁	保墓報豊防貿 暴		脈	務夢	迷綿			輸	余容		略留領		歴			学年字数 193字 累計字数 835字
第六学年（5級）	派拝背肺俳班 晩	否批秘俵	腹奮	並陛閉片	補暮宝訪亡忘 棒	枚幕	密		盟	模	訳	郵優	預幼欲翌	乱卵覧	裏律臨			朗論		学年字数 191字 累計字数 1026字

級別漢字表

小学校学年別配当漢字を除く一一一〇字。

	4級	3級	準2級	2級
ア	握扱	哀	亜	挨曖宛嵐
イ	依威為偉違維緯壱芋陰隠	慰	尉逸姻韻	畏萎椅彙咽淫
ウ			畝浦	唄鬱
エ	影鋭越援煙鉛縁	詠悦閲炎宴	疫謁猿	怨艶
オ	汚押奥憶	欧殴乙卸穏	凹翁虞	旺臆俺
カ	菓暇箇雅介戒皆壊較獲刈甘汗乾勧歓監環鑑含	佳架華嫁餓怪悔塊慨該概郭隔穫岳掛滑肝冠勘貫喚換敢緩	渦禍靴寡稼蚊拐懐劾涯垣核殻嚇括喝渇褐轄且缶陥患堪棺款閑寛憾還艦頑	苛牙瓦楷潰諧崖蓋骸柿顎葛釜鎌韓玩
キ	奇祈鬼幾輝儀戯詰却脚及丘朽巨拠距御凶叫狂況狭恐響驚仰	企忌軌既棋棄騎欺犠菊吉喫虐虚峡脅凝斤緊	飢宜偽擬糾窮拒享挟恭矯暁菌琴謹襟吟	伎亀毀畿臼嗅巾僅錦
ク	駆屈掘繰	愚偶遇	隅勲薫	惧串窟
ケ	恵傾継迎撃肩兼剣軒圏堅遣玄	刑契啓掲携憩鶏鯨倹賢幻	茎渓蛍慶傑嫌献謙繭顕懸弦	詣憬稽隙桁拳鍵舷
コ	枯誇鼓互抗攻更恒荒項稿豪込婚	孤弧雇顧娯悟孔巧甲坑拘郊控慌硬絞綱酵克獄恨紺魂墾	呉碁江肯侯洪貢溝衡購拷剛酷昆懇	股虎錮勾梗喉乞傲駒頃痕
サ	鎖彩歳載剤咲惨	債催削搾錯撮擦暫	唆詐砕宰栽斎索酢桟傘	沙挫采塞柵刹拶斬
シ	旨伺刺脂紫雌執芝斜煮釈寂朱狩 シ続く	祉施諮侍慈軸疾湿赦邪殊寿潤遵 シ続く	肢嗣賜璽漆遮蛇酌爵珠儒囚臭愁 シ続く	恣摯餌叱嫉腫呪袖羞蹴憧拭尻芯 シ続く

	シ続き	ス	セ	ソ	タ	チ	ツ	テ	ト	ナ	ニ	ネ	ノ	ハ
4級	趣需舟秀襲柔獣瞬 旬巡盾召床沼称紹 詳丈畳殖飾触侵振 浸寝慎震薪尽陣尋	吹	是姓征跡占扇鮮	訴僧燥騒贈即俗	耐替沢拓濁脱丹淡 嘆端弾	恥致遅蓄跳徴澄沈 珍		抵堤摘滴添殿	吐途渡奴怒到逃倒 唐桃透盗塔稲踏闘 胴峠突鈍曇		弐		悩濃	杯輩拍泊迫薄爆髪 抜罰般販搬範繁盤
3級	如徐匠昇掌晶焦衝 鐘冗嬢錠譲嘱辱伸 辛審	炊粋衰酔遂穂随髄	瀬牲婿請斥隻惜籍 摂潜繕	阻措粗礎双桑掃葬 遭憎促賊	怠胎袋逮滞滝択卓 託諾奪胆鍛壇	稚畜窒抽鋳駐彫超 聴陳鎮	墜	帝訂締哲	斗塗凍陶痘匿篤豚		尿	粘		婆排陪縛伐帆伴畔 藩蛮
準2級	酬醜汁充渋銃叔淑 粛塾俊准殉循庶緒 叙升抄肖尚宵症祥 渉訟硝粧詔奨彰償 礁浄剰壌醸津唇娠 紳診刃迅甚	帥睡枢崇据杉	斉逝誓析拙窃仙栓 旋践遷薦繊禅漸	租疎塑壮荘捜挿曹 喪槽霜藻	妥堕惰駄泰濯但棚	痴逐秩嫡衷弔挑眺 釣懲勅朕	塚漬坪	呈廷邸亭貞逓偵艇 泥迭徹撤	悼搭棟筒謄騰洞督 凸屯	軟	尼妊忍	寧		把覇廃培媒賠伯舶 漠肌鉢閥煩頒
2級	腎	須裾	凄醒脊戚煎羨腺詮 箋膳	狙遡曽爽痩踪捉遜	汰唾堆戴誰旦綻	緻酎貼嘲捗	椎爪鶴	諦溺塡	妬賭藤瞳頓貪丼	那謎鍋	匂虹	捻		罵剝箸氾汎斑

	ヒ	フ	ヘ	ホ	マ	ミ	ム	メ	モ	ヤ	ユ	ヨ	ラ	リ	ル	レ	ロ	ワ
計313字 5級まで1026字 累計《るいけい》1339字	彼疲被避尾微匹描浜敏	怖浮普腐敷膚賦舞幅払噴	柄壁	捕舗抱峰砲忙坊肪冒傍帽凡盆	慢漫	妙眠	矛霧娘		茂猛網黙紋	躍	雄	与誉溶腰踊謡翼	雷頼絡欄	離粒慮療隣	涙	隷齢麗暦劣烈恋	露郎	惑腕
計284字 4級まで1339字 累計1623字	卑碑泌姫漂苗	赴符封伏覆紛墳	癖	募慕簿芳邦奉胞倣崩飽縫乏妨房某膨謀墨没翻	魔埋膜又	魅		滅免			幽誘憂	揚揺擁抑	裸濫	吏隆了猟陵糧厘		励零霊裂廉錬	炉浪廊楼漏	湾
計328字 3級まで1623字 累計1951字	妃披扉罷猫賓頻瓶	扶附譜侮沸雰憤	丙併塀幣弊偏遍	泡俸褒剖紡朴僕撲堀奔	麻摩磨抹	岬		銘	妄盲耗	厄	愉諭癒唯悠猶裕融	庸窯	羅酪	痢履柳竜硫虜涼僚寮倫	累塁	戻鈴		賄枠
計185字 準2級まで1951字 累計2136字	眉膝肘	訃	蔽餅璧蔑	哺蜂貌頬睦勃	昧枕	蜜		冥麺		冶弥闇	喩湧	妖瘍沃	拉辣藍	璃慄侶瞭	瑠		呂賂弄籠麓	脇

■中学校で学習する音訓一覧表

＊学習漢字のうち、中学校で習う読み方を学年・字音の五十音順に一覧表にした。

学年	漢字	読み
小学校1年	音	イン
	下	もと
	字	あざ
	耳	ジ
	手	た
	出	スイ
	女	ニョ め
	上	のぼ(せる) のぼ(す)
	生	お(う) き
	夕	セキ
	石	コク
	川	セン
	早	サッ
	文	ふみ
	目	ボク
小学校2年	羽	ウ
	園	その
	何	カ
	夏	ゲ
	外	ゲ
	弓	キュウ
	京	ケイ
	強	ゴウ し(いる)
	兄	ケイ
	後	おく(れる)
	公	おおやけ
	交	か(う) か(わす)
	黄	コウ こ
	谷	コク
	今	キン
	姉	シ
	室	むろ
	図	はか(る)
	声	こわ
	星	ショウ
	切	サイ
	体	テイ
	茶	サ
	弟	テイ デ
	頭	かしら
	内	ダイ
	麦	バク
	歩	ブ
	妹	マイ
	万	バン
	門	かど
	来	きた(る) きた(す)
小学校3年	化	ケ
	荷	カ
	客	カク
	究	きわ(める)
	宮	グウ
	業	わざ
	軽	かろ(やか)
	研	と(ぐ)
	幸	さち
	次	シ
	守	も(り)
	州	す
	拾	シュウ ジュウ
	集	つど(う)
	助	すけ
	商	あきな(う)
	勝	まさ(る)
	申	シン
	神	かん
	昔	シャク
	相	ショウ
	速	すみ(やか)
	対	ツイ
	代	しろ
	丁	テイ
	調	ととの(う) ととの(える)
	度	タク たび
	童	わらべ
	発	ホツ
	反	タン
	鼻	ビ
	病	や(む)
	命	ミョウ
	面	おも おもて
	役	エキ
	有	ウ
	和	やわ(らぐ) やわ(らげる) なご(む) なご(やか)
小学校4年	衣	ころも
	媛	エン
	街	カイ
	岐	キ
	器	うつわ
	機	はた
	泣	キュウ
	競	きそ(う)
	極	ゴク きわ(める) きわ(まる) きわ(み)
	結	ゆ(う) ゆ(わえる)
	健	すこ(やか)
	香	コウ
	氏	うじ
	試	ため(す)
	児	ニ
	滋	ジ
	辞	や(める)
	初	そ(める)
	笑	ショウ え(む)
	焼	ショウ
	縄	ジョウ
	井	ショウ
	省	かえり(みる)
	静	ジョウ
	浅	セン
	戦	いくさ
	仲	チュウ
	阪	ハン
	夫	フウ
	望	モウ

漢字	読み
牧	まき
民	たみ
要	い(る)
小学校5年	
仮	ケ
眼	まなこ
基	もと
技	わざ
境	ケイ
経	キョウ
故	ゆえ
厚	コウ
災	わざわ(い)
財	サイ
示	シ
似	ジ
質	シチ
謝	あやま(る)
授	さず(ける) さず(かる)
修	シュ
性	ショウ
精	ショウ
素	ス
率	ソツ
損	そこ(なう) そこ(ねる)
貸	タイ
断	た(つ)
提	さ(げる)
程	ほど
得	う(る)
犯	おか(す)
費	つい(やす) つい(える)
貧	ヒン
報	むく(いる)
暴	バク
迷	メイ
小学校6年	
遺	ユイ
映	は(える)
我	ガ わ
灰	カイ
革	かわ
割	カツ さ(く)
干	ひ(る)
危	あや(うい) あや(ぶむ)
机	キ
貴	たっと(い) とうと(い) たっと(ぶ) とうと(ぶ)
胸	むな
郷	ゴウ
穴	ケツ
厳	おごそ(か)
己	キ おのれ
紅	ク くれない
鋼	はがね
砂	シャ
座	すわ(る)
裁	た(つ)
若	ジャク
宗	ソウ
就	つ(く) つ(ける)
熟	う(れる)
除	ジ
承	うけたまわ(る)
傷	いた(む) いた(める)
蒸	む(す) む(れる) む(らす)
仁	ニ
推	お(す)
盛	セイ さか(る) さか(ん)
誠	まこと
舌	ゼツ
専	もっぱ(ら)
染	セン
銭	ぜに
装	ショウ
操	あやつ(る)
蔵	くら
探	さぐ(る)
値	あたい
著	あらわ(す) いちじる(しい)
敵	かたき
討	う(つ)
乳	ち
認	ニン
納	ナッ トウ
背	そむ(く) そむ(ける)
秘	ひ(める)
並	ヘイ
閉	と(ざす)
片	ヘン
暮	ボ
訪	おとず(れる)
忘	ボウ
優	やさ(しい) すぐ(れる)
欲	ほ(しい)
卵	ラン
裏	リ
臨	のぞ(む)
朗	ほが(らか)

常用漢字表　付表（熟字訓・当て字など）

＊小・中・高：小学校・中学校・高等学校のどの時点で学習するかの割り振りを示した。
※以下に挙げられている語を構成要素の一部とする熟語に用いてもかまわない。
例「河岸（かし）」→「魚河岸（うおがし）」／「居士（こじ）」→「一言居士（いちげんこじ）」

付表1

語	読み	小	中	高
明日	あす	●		
小豆	あずき		●	
海女・海士	あま			●
硫黄	いおう		●	
意気地	いくじ		●	
田舎	いなか		●	
息吹	いぶき			●
海原	うなばら		●	
乳母	うば		●	
浮気	うわき			●
浮つく	うわつく		●	
笑顔	えがお		●	

語	読み	小	中	高
叔父・伯父	おじ		●	
大人	おとな	●		
乙女	おとめ		●	
叔母・伯母	おば		●	
お巡りさん	おまわりさん		●	
お神酒	おみき			●
母屋・母家	おもや			●
母さん	かあさん	●		
神楽	かぐら			●
河岸	かし			●
鍛冶	かじ		●	
風邪	かぜ		●	

語	読み	小	中	高
固唾	かたず		●	
仮名	かな		●	
蚊帳	かや			●
為替	かわせ		●	
河原・川原	かわら	●		
昨日	きのう	●		
今日	きょう	●		
果物	くだもの	●		
玄人	くろうと			●
今朝	けさ	●		
景色	けしき	●		
心地	ここち		●	

語	読み	小	中	高
居士	こじ			●
今年	ことし	●		
早乙女	さおとめ		●	
雑魚	ざこ			●
桟敷	さじき			●
差し支える	さしつかえる		●	
五月	さつき		●	
早苗	さなえ		●	
五月雨	さみだれ		●	
時雨	しぐれ		●	
尻尾	しっぽ		●	
竹刀	しない		●	
老舗	しにせ		●	
芝生	しばふ		●	
清水	しみず	●		
三味線	しゃみせん		●	
砂利	じゃり		●	
数珠	じゅず			●
上手	じょうず	●		
白髪	しらが		●	
素人	しろうと			●
師走	しわす(しはす)			●
数寄屋・数奇屋	すきや			●
相撲	すもう		●	
草履	ぞうり		●	
山車	だし			●
太刀	たち		●	
立ち退く	たちのく		●	
七夕	たなばた	●		
足袋	たび		●	
稚児	ちご			●
一日	ついたち	●		
築山	つきやま			●
梅雨	つゆ		●	
凸凹	でこぼこ		●	
手伝う	てつだう	●		
伝馬船	てんません			●
投網	とあみ			●
父さん	とうさん	●		
十重二十重	とえはたえ			●
読経	どきょう			●
時計	とけい	●		
友達	ともだち	●		
仲人	なこうど			●
名残	なごり		●	
雪崩	なだれ		●	
兄さん	にいさん	●		
姉さん	ねえさん	●		
野良	のら			●
祝詞	のりと			●
博士	はかせ	●		

語	読み	小	中	高
二十・二十歳	はたち		●	
二十日	はつか	●		
波止場	はとば		●	
一人	ひとり	●		
日和	ひより		●	
二人	ふたり	●		
二日	ふつか	●		
吹雪	ふぶき		●	
下手	へた	●		
部屋	へや	●		
迷子	まいご	●		
真面目	まじめ	●		
真っ赤	まっか	●		
真っ青	まっさお	●		
土産	みやげ		●	
息子	むすこ		●	
眼鏡	めがね	●		

語	読み	小	中	高
猛者	もさ			●
紅葉	もみじ		●	
木綿	もめん		●	
最寄り	もより		●	
八百長	やおちょう			●
八百屋	やおや	●		
大和	やまと		●	
弥生	やよい		●	
浴衣	ゆかた			●
行方	ゆくえ		●	
寄席	よせ			●
若人	わこうど		●	

付表2

語	読み	小	中	高
愛媛	えひめ	●		
茨城	いばらき	●		
岐阜	ぎふ	●		
鹿児島	かごしま	●		
滋賀	しが	●		
宮城	みやぎ	●		
神奈川	かながわ	●		
鳥取	とっとり	●		
大阪	おおさか	●		
富山	とやま	●		
大分	おおいた	●		
奈良	なら	●		

二とおりの読み

↓のようにも読める。

「常用漢字表」（平成22年）本表備考欄による。

遺言	ユイゴン	↓	イゴン
奥義	オウギ	↓	おくギ
堪能	カンノウ	↓	タンノウ
吉日	キチジツ	↓	キツジツ
兄弟	キョウダイ	↓	ケイテイ
甲板	カンパン	↓	コウハン
合点	ガッテン	↓	ガテン
昆布	コンブ	↓	コブ
紺屋	コンや	↓	コウや
詩歌	シカ	↓	シイカ
七日	なのか	↓	なぬか
老若	ロウニャク	↓	ロウジャク
寂然	セキゼン	↓	ジャクネン
法主	ホッス	↓	ホウシュ　ホッシュ
十	ジッ	↓	ジュッ
情緒	ジョウチョ	↓	ジョウショ
憧憬	ショウケイ	↓	ドウケイ
人数	ニンズ	↓	ニンズウ
寄贈	キソウ	↓	キゾウ
側	がわ	↓	かわ
唾	つば	↓	つばき
愛着	アイジャク	↓	アイチャク
執着	シュウジャク	↓	シュウチャク
貼付	チョウフ	↓	テンプ
難しい	むずかしい	↓	むつかしい
分泌	ブンピツ	↓	ブンピ
富貴	フウキ	↓	フッキ
文字	モンジ	↓	モジ
大望	タイモウ	↓	タイボウ
頰	ほお	↓	ほほ
末子	バッシ	↓	マッシ
末弟	バッテイ	↓	マッテイ
免れる	まぬかれる	↓	まぬがれる
妄言	ボウゲン	↓	モウゲン
面目	メンボク	↓	メンモク
問屋	とんや	↓	といや
礼拝	ライハイ	↓	レイハイ

注意すべき読み

「常用漢字表」（平成22年）本表備考欄による。

三位一体	サンミイッタイ	反応	ハンノウ
従三位	ジュサンミ	順応	ジュンノウ
一羽	イチわ	観音	カンノン
三羽	サンば	安穏	アンノン
六羽	ロッぱ	天皇	テンノウ
春雨	はるさめ	身上	シンショウ シンジョウ （読み方により意味が違う）
小雨	こさめ		
霧雨	きりさめ		
因縁	インネン	一把	イチワ
親王	シンノウ	三把	サンバ
勤王	キンノウ	十把	ジッ（ジュッ）パ

漢検 3級 分野別問題集 改訂三版

2024年2月20日 第1版第2刷 発行
編　者　公益財団法人日本漢字能力検定協会
発行者　山崎　信夫
印刷所　株式会社 太洋社
製本所　株式会社 渋谷文泉閣

発行所　公益財団法人日本漢字能力検定協会
〒605-0074　京都市東山区祇園町南側551番地
☎(075)757-8600
ホームページ　https://www.kanken.or.jp/

Printed in Japan
ISBN978-4-89096-483-3 C0081

漢検

漢検 分野別問題集

改訂三版

別冊 標準解答

3級

「標準解答」は、
別冊になっています。
とりはずして使って
ください。

※「標準解答」をとじているはり金でけがをしないよう、
気をつけてください。

700483

漢字の読み　音読み　▼本誌P.10〜19

ウォーミングアップ　P.10・11

1 P.10

1 騎・忌（順不同）
2 郊・孔（順不同）
3 錠・冗（順不同）
4 妨・某（順不同）

2

1 カ　華
2 ホウ　倣・芳・胞（順不同）
3 ケイ　鶏・憩・契（順不同）
4 シ　諮
5 チョウ　彫・聴（順不同）

3 P.11

1 だいきち
2 ふきつ
3 こうおつ
4 かんぱん
5 ばんそう
6 どうはん
7 ほうけん
8 かいふう
9 しょうこ
10 いきょ
11 おんけい
12 ちえ
13 しゅうねん
14 しっぴつ
15 やくしょ
16 へいえき
17 らくちょう
18 ていちょう

練習1　P.12〜15

1 P.12・13

1 そそう
2 ごらく
3 じょこう
4 れいさい
5 こ
6 ぎょうし
7 はんそう
8 きんぱく
9 ぜつめつ
10 こうえつ
11 がいはく
12 じょさい
13 せきはい
14 かんがい
15 せいこう
16 ひょうはく
17 とっかん
18 せつじょく
19 しんすい
20 がりゅう
21 ぞうすい
22 とうけつ
23 かいき
24 えんてんか
25 きょうこく
26 きょうぐう
27 ばんかん
28 きょせい
29 ていけい
30 おせん
31 ばっさい
32 ふんしつ
33 くっさく
34 こふん
35 ちゅうぞう
36 しんずい
37 よくよう
38 ほんやく
39 ちゅうしょう
40 ようこう
41 たいこう
42 ほうじん
43 らんおう
44 そうげい
45 こはん
46 だんしょう

2 P.14・15

1 さっかく
2 ぎせい
3 けいちょう
4 えんかつ
5 ろうえい
6 せっせい
7 かいだく
8 きと
9 そち
10 いたく
11 みりょく
12 ふくめん
13 じゃねん
14 むぼう
15 ちんれつ
16 しんちょう
17 ぼうだい
18 たいじ
19 きよ
20 かんりょう
21 ゆうわく
22 どうほう
23 せんけん
24 しんさ
25 ちこく
26 がいよう
27 けんえつ
28 はき
29 こうかい
30 れんか
31 いろう
32 かんまん
33 けつぼう
34 ばんゆう
35 とそう
36 むじゅん
37 けっぺき
38 せいおう
39 しゅくえん
40 しせつ
41 ろうきゅう
42 げんえい
43 けいしゃ
44 かんきん
45 ゆうが
46 きし

練習2　P.16〜19

1 P.16・17

1 じゅんしゅ
2 さはんじ
3 しょうだん
4 けんそ
5 ばっすい
6 ろうでん
7 ゆうれい
8 ふくせん
9 りょうし
10 ぜんにょ
11 とくめい
12 ようち
13 ようご
14 ちっそ
15 しゅしょう
16 とくしゅ
17 かんたん
18 こうきん
19 とうすい
20 はいせき
21 かん
22 じく
23 しっく
24 だっぱん
25 てんねんとう
26 きろ
27 そうこく
28 たんれん
29 そうしょう
30 きんかい
31 りゅうせい
32 まんえつ
33 ずいはん
34 ふさい
35 たいほ
36 じひ
37 すいこう
38 けっしょう
39 かいこ
40 きゅうけい
41 ろうばしん
42 けんやく
43 ばんしょう
44 がいかく
45 まいせつ
46 そせき
47 かいこん
48 たいりゅう
49 めいぼ
50 ろうひ

練習2 1

スキルアップ

1 「遵」の音は「ジュン」。「遵守《じゅんしゅ》」は、規則や命令に背かず、忠実に守ること。

2 「茶飯事《さはんじ》」は、ごくありふれたこと。

4 「険阻《けんそ》」は、険しいこと。

8 「伏線《ふくせん》」は、後で述べる事柄の準備として、前もってほのめかしておく事柄。

10 「善女《ぜんにょ》」は、仏法に帰依《きえ》した女のこと。「ぜんじょ」と読まないように。

11 「匿名《とくめい》」は、名前を隠して知らせないこと。また、本名を隠して別の名前にすること。

17 「肝胆相照《かんたんあいて》らす」は、互いの心の底まで打ち明け、親しく交わること。

19 ここでの「陶酔《とうすい》」は、我を忘れてうっとりとした気分になること。

20 「排斥《はいせき》」は、(きらって)退けること。

23 「疾駆《しっく》」は、馬や車を速く走らせること。

24 「脱藩《だっぱん》」とは、江戸《えど》時代の武士が仕えている藩から抜け出し、浪人になること。

27 「相克《そうこく》」は、対立するものが互いに勝とうとして争うこと。

29 「宗匠《そうしょう》」は、和歌、茶道、生け花などの先生のこと。

32 「満悦《まんえつ》」は、満足してよろこぶこと。

37 「遂行《すいこう》」は、なしとげること。「ついこう」と読まないように。

41 「老婆心《ろうばしん》」は、不必要なまでの親切や世話のこと。

43 「晩鐘《ばんしょう》」は、夕方に寺や教会などが鳴らす鐘の音。

44 「外郭《がいかく》団体」は、会社などの組織の外部にあって、その組織と連絡を取りつつ事業や活動を助ける団体。

46 ここでの「礎石《そせき》」は、事業や仕事の基礎をつくる人の意。

---

2 P.18・19

1 たくばつ
2 ろうか
3 じょうと
4 ゆうげん
5 かくねん
6 ひまく
7 そくばく
8 かんもん
9 わんきょく
10 しつげん
11 ざんぎゃく
12 かんこう
13 さいたく
14 しこん
15 ざんてい
16 しょうあく
17 きゅうりょう
18 ことう
19 きつえん
20 けいはつ
21 かいてい
22 とうしん
23 いっそう
24 きゅうけい
25 しっつい
26 しょうとつ
27 ぐうぜん
28 ばいしん
29 ごうじょう
30 きせい
31 とくしか
32 こうし
33 かさく
34 るいじ
35 しょくたく
36 ほうごう
37 ちょうきん
38 きどう
39 ようしゃ
40 はれつ
41 へいおん
42 はっこう
43 たんか
44 たんこう
45 せんぱく
46 としゅ
47 らんよう
48 くりん
49 かんり
50 じゃあく

練習2 2

スキルアップ

4 「幽玄《ゆうげん》」は、奥深い味わいがあること。

8 「喚問《かんもん》」は、人を呼び出して問いただすこと。

13 「採択《さいたく》」は、いくつかある中から選びとること。

15 「暫定《ざんてい》」は、一時的に決めておくこと。

22 「答申《とうしん》」は、上級官庁や上役から聞かれたことに対し、意見を申し述べること。

28 「陪審《ばいしん》」は、一般人が裁判に参加し、被告人の犯罪の有無などを判断する制度。

31 「篤志家《とくしか》」は、社会事業などに熱心な人のこと。

35 「嘱託《しょくたく》」は、正式の職員としてでなく、仕事を任された人。

45 「浅薄《せんぱく》」は、知識・考えが浅く、薄っぺらなこと。

46 「斗酒《としゅ》」は、大量の酒。また、「斗酒なお辞せず」とは、大量の酒を飲むこと。

漢字の読み　訓読み

▼本誌 P.20～27

ウォーミングアップ P.20・21

1 P.20

1 ほ　2 ひめ　3 くわ　4 ぶた
5 むこ　6 ふさ　7 けもの　8 はだか
9 くじら　10 にわとり

2

1 ほ　2 つな　3 たき　4 たけ　5 まき　6 ふくろ
7 さむらい　8 たましい　9 まぼろし　10 ことぶき　11 かんむり　12 かたまり

3 P.21

1 き　2 お　3 こころ　4 ため　5 ことわ　6 た　7 さが　8 さぐ
9 やさ　10 すぐ　11 ほ　12 ひあ　13 か　14 まさ　15 さば　16 た
17 あらわ　18 いちじる　19 も　20 さか　21 むす　22 ゆ

練習1 P.22・23

1

1 ゆる　2 きそ　3 たた　4 た　5 う　6 あさせ　7 また　8 あ　9 おごそ　10 はなよめ　11 あつか　12 こお　13 おろ　14 の　15 のぼ　16 か　17 ふ　18 うる　19 やと　20 こ　21 く　22 はじ　23 ひた　24 はぐく
25 つと　26 あなう　27 おか　28 さず　29 だま　30 の　31 こ　32 たぐ　33 むく　34 はや　35 ほ　36 はな　37 そむ　38 にぎ　39 し　40 あやま　41 ひそ　42 と　43 お　44 めぐ　45 え　46 こ

練習2 P.24～27

1 P.24・25

1 うら　2 しずく　3 おお　4 いき　5 はた　6 すで　7 ひめ　8 うれ　9 かたき　10 いそが　11 ふたば　12 ほが　13 はたあ　14 つつし　15 とつ　16 いまし　17 きた　18 つく　19 む　20 なめ　21 ゆだ　22 わざわ　23 こころにく　24 ただよ　25 ふ
26 すこ　27 いくさ　28 きもだめ　29 うなが　30 きわ　31 ゆず　32 が　33 ほう　34 さち　35 しぼ　36 ほど　37 おさ　38 おど　39 のが　40 う　41 かた　42 つど　43 おこた　44 さと　45 かなめ　46 もと　47 いがた　48 つ　49 よこなぐ　50 なぐさ

スキルアップ　練習2 1

5 「機《はた》」は、布を織る機械、またはその機械で織った布。

8 「憂《うれ》える」は、心配すること。

20 「滑」には、「すべ-る」と「なめ-らか」の二つの訓がある。

21 「委《ゆだ》ねる」は、全てを他人に任せること。身をささげるという意味もある。

38 「おどか-す」と読まないこと。「脅《おど》す」「脅《おど》かす」である。

39 送りがなに注意。「逃《に》げる」「逃《に》がす」「逃《のが》す」「逃《のが》れる」である。混同しないように。

43 送りがなに注意。「怠《おこた》る」「怠《なま》ける」である。

45 「要《かなめ》」とは、物事の最も大切な部分。扇の骨をまとめてとじ合わせる金具の名で、そこから転じて「物事をまとめる中心」「要点」を意味するようになった。

2 P.26・27

1 おど
2 うつわ
3 くわだ
4 の
5 う
6 ぬ
7 ひか
8 さまた
9 あきな
10 かどで
11 およ
12 まど
13 く
14 せば
15 はごろも
16 と
17 ふ
18 か
19 あわ
20 めずら
21 よ
22 あら
23 ひ
24 し
25 しぼ

26 くせ
27 まぎ
28 す
29 くず
30 こた
31 むろざ
32 すべ
33 かたす
34 たく
35 しば
36 こうむ
37 あざむ
38 ゆ
39 せま
40 あや
41 ゆえ
42 はな
43 なえ
44 ほ
45 くわ
46 おろしね
47 ほま
48 は
49 かしこ
50 すみ

練習2 **2**

スキルアップ

1 この「躍《おど》る」は、喜びなどで鼓動が激しくなること。
9 「商《あきな》う」は、商売すること。
24 「絞」には「しぼ-る」「し-める」「し-まる」の三つの訓がある。
28 「擦」の訓は、「す-る」「す-れる」。
31 「室《むろ》咲《ざ》き」とは、春に咲く花を、温室で冬のうちに咲かせること、また、咲かせた花。
37 「欺《あざむ》く」には、いつわりだますという意味以外に、「〜にひけをとらない」という意味もある。
41 「故《ゆえ》」は、理由のこと。「故あって」は、「ある事情があって」という意味。

漢字の読み 特別な読み

▼本誌 P.28〜31

ウォーミングアップ P.28

1

1 ひとり
2 おとな
3 わこうど
4 きょう
5 けさ
6 ことし
7 しない
8 たち
9 さつきば
10 さみだれ

2

1 さらいねん
2 さいせん
3 るす
4 しゅごしん
5 けいだい
6 きょうかい
7 なっとう
8 のうひん
9 けびょう
10 かめん
11 むなさわ
12 むね

練習1 P.29

1

1 しぐれ
2 まわ
3 はたち
4 ここち
5 もみじ
6 うば
7 こわいろ
8 しばふ
9 せんごくぶね
10 つゆ
11 むすこ
12 そうじ
13 えがお
14 かたかな
15 さ・つか
16 こだち
17 こがねむし
18 ぼっ
19 かっせん
20 さっそく
21 あま
22 やまと
23 けしき
24 むら

練習2 P.30・31

1

1 みやげ
2 うなばら
3 まじめ
4 かぜ
5 もよ
6 ぶぎょう
7 ゆくえ
8 さおとめ
9 かいどう
10 いなほ
11 かわせ
12 はとば
13 いなか
14 くふう
15 ひより
16 いくじ
17 しゃみせん
18 しょうにか
19 かみふぶき
20 かのじょ
21 いっさい
22 ひょうし
23 たんもの
24 なわしろ
25 なだれ
26 ふなうた
27 しんこう
28 したく
29 うわ
30 てんじょう
31 うちでし
32 さいふ
33 たび
34 じょうみゃく
35 しゅぎょう
36 ばくろ
37 なごり
38 なっとく
39 あずき
40 た・の
41 もめん
42 におう
43 じゃり
44 はたち
45 さなえ
46 すいとう
47 しらが
48 しんく
49 ぶしょう
50 さんだい

スキルアップ

練習2 **1**

6 「なべ奉行《ぶぎょう》」は、なべ料理を食べる時に材料を入れる順序や食べ方などをあれこれ指示する人のたとえ。

8 「早乙女《さおとめ》」は、田植えをする若い女性、または、単に少女のことをいう。

11 「為替《かわせ》」は、現金の代わりに、手形や小切手などで送金する方法のこと。

16 「意気地《いくじ》」は、「いきじ」の転だが、「いきじなし」とはいわないので注意。

23 「反物《たんもの》」は、一反ずつになっている織物、和服用の織物のこと。

24 「苗代《なわしろ》」は、稲の種をまいて、田植えができる状態まで苗を育てる田。「なえしろ」とも。

31 「内弟子《うちでし》」は、師匠の家に住み込んで芸事などを習う弟子。

45 「早苗《さなえ》」は、苗代から田へ移すころの若い稲の苗。

46 「出納《すいとう》」は、支出と収入のこと。

50 「参内《さんだい》」は、宮中に参上すること。

漢字の読み　同字の音訓

▼本誌 P.32～41

ウォーミングアップ P.32・33

1 P.32

1 (音)ショウ　[訓]かね
2 (音)コク　[訓]たに
3 (音)カン　[訓]きも
4 (音)セン　[訓]ぜに
5 (音)ボク　[訓]すみ
6 (音)シン　[訓]から-い

2

1 おおぜい
2 たいせい
3 いちば
4 しじょう
5 へんか
6 へんげ
7 こうちょう
8 たかしお
9 じょうず
10 うわて
11 じんじ
12 ひとごと

---

3 P.33

1 ちき
2 おのれ
3 けんめい
4 かしこい
5 ごくひ
6 きわみ
7 びしょう
8 えむ
9 じゅじゅ
10 さずかる
11 せいだい
12 もる
13 けつろん
14 ゆう
15 とうしょ
16 そめる
17 せいきゅう
18 うける

練習1　P.34〜37

❶ P.34・35

1 いもん
2 なぐさ
3 けんにん
4 か
5 さつえい
6 と
7 とっぱつ
8 つ
9 きょり
10 はな
11 おだく
12 にご
13 らたい
14 はだか
15 こうかん
16 か
17 とうこん
18 たましい
19 さっかしょう
20 す
21 かんゆう
22 さそ
23 こうはい
24 そむ
25 かんげい
26 むか
27 ちえ
28 めぐ
29 がんゆう
30 ふく
31 さくじょ
32 けず
33 せっしょく
34 さわ
35 くし
36 か
37 しょうさい
38 くわ
39 しんせん
40 あざ

❷ P.36・37

1 ふにん
2 おもむ
3 ふきゅう
4 く
5 ちょうじょう
6 いただき
7 りんじ
8 のぞ
9 ちょめい
10 いちじる
11 きえん
12 ほのお
13 さいなん
14 わざわ
15 ぼうちょう
16 ふく
17 きびん
18 てばた
19 しつど
20 しめ
21 だつろう
22 も
23 しゅしょう
24 こと
25 ちょうこう
26 き
27 ごくさいしき
28 きわ
29 けいぼ
30 した
31 きょうそう
32 きそ
33 ていしゅつ
34 てさ
35 ばんそう
36 ともな
37 しょうそう
38 こ
39 ろこつ
40 つゆ

練習2　P.38〜41

❶ P.38・39

1 じゅんたく
2 うるお
3 ひょうりゅう
4 ただよ
5 けつれつ
6 さ
7 かいこん
8 くや
9 まいぼつ
10 う
11 よくせい
12 おさ
13 かんわ
14 ゆる
15 しもん
16 はか
17 かくご
18 さと
19 せきべつ
20 お
21 ぎょうしゅく
22 こ
23 こよう
24 やと
25 そうだつ
26 うば
27 たいまん
28 なま
29 ゆうりょ
30 うれ
31 きょうさい
32 もよお
33 おうぼ
34 つの
35 けいさい
36 かか
37 どうよう
38 ゆ
39 きょうい
40 おど
41 たいぼう
42 とぼ
43 ないふん
44 まぎ
45 ねんちゃく
46 ねば
47 けいたい
48 たずさ

スキルアップ　練習2 ❶

7 「悔恨《かいこん》」は、あやまちを悔やみ残念に思うこと。

19 「惜別《せきべつ》」は、別れを惜しむこと。

22 「息を凝《こ》らす」は、呼吸を抑えて、じっとしていること。

27 「怠慢《たいまん》」は、やるべき仕事、義務などを怠けていること。

30 「憂《うれ》い」は、悩み、悲しみのこと。

36 形の似た「揚」と混同して「あ‐げる」と読まない。「掲」の訓は「かか‐げる」。

44 「紛《まぎ》れる」には、他のことに気をとられて、やるべきことがおろそかになる、という意味がある。

48 この「携《たずさ》わる」は、ある物事に関わる、従事する、の意。

練習2

2 P.40・41

1 きかく
2 くわだ
3 つうこん
4 うら
5 あんのん
6 おだ
7 じっし
8 ほどこ
9 そくしん
10 うなが
11 こもん
12 かえり
13 ほうかい
14 くず
15 じょうほ
16 ゆず
17 いっかん
18 つらぬ
19 ふめつ
20 ほろ
21 こうよう
22 あ
23 えいぜん
24 つくろ
25 たいのう
26 とどこお
27 かんかく
28 へだ
29 げきれい
30 はげ
31 そうなん
32 あ
33 ごういん
34 し
35 あいかん
36 あわ
37 とふ
38 ぬ
39 かっそう
40 すべ
41 ぐ
42 おろ
43 かんすい
44 と
45 とうしょう
46 こご
47 ちんせん
48 もぐ

スキルアップ

練習2 **2**

5 「穏」の音は「オン」だが、「安穏」は、「あんのん」と読み、何事もなく穏やかなことをいう。

10 「促《うなが》す」には、そうするように仕向ける、という意味がある。

21 「高揚《こうよう》」は、精神や気分が高まること。また、高めること。

23 「営繕《えいぜん》」は、建物を新築したり、修理したりすること。

24 この「繕《つくろ》う」は、乱れを直してきちんとすること。

26 「滞《とどこお》り」は、物事がうまく運ばないこと。

34 「強」の訓には、「し-いる」もあるので注意。

35 「哀歓《あいかん》」は悲しみと喜び。同じ意味の語に「悲喜《ひき》」がある。

37 「塗」の音は「ト」。「塗布《とふ》」は、薬やペンキなどを一面に塗ること。

43 「遂」の音は「スイ」。

47 「沈潜《ちんせん》」は、水底に沈み込むことのほかに、物事に没頭することもいう。

漢字の部首

▼本誌 P.48～57

ウォーミングアップ P.48・49

1 P.48

1 言
2 忄
3 火
4 疒
5 寸
6 目
7 田
8 肉

2

1 口
2 ○
3 貝
4 心
5 ○
6 ○
7 玄
8 艹
9 木
10 ○

3 P.49

1 ア
2 イ
3 エ
4 ア
5 ウ
6 イ
7 ウ
8 エ
9 ア
10 ウ
11 イ
12 エ
13 ア
14 ウ
15 エ
16 イ
17 ウ
18 ア
19 イ
20 イ
21 ア
22 ウ

練習1 P.50～53

1 P.50

1 次・欠
2 豚・豕
3 唐・口
4 墓・土
5 酒・酉
6 売・士
7 視・見
8 相・目
9 香・香
10 則・刂
11 乗・ノ
12 巡・巛
13 利・刂
14 料・斗
15 席・巾
16 耐・而
17 放・攵
18 和・口
19 合・口
20 初・刀

2 P.51

1 百・的・皆・白・皇
2 平・幸・幹・年・干
3 成・戒・我・戯・戦
4 層・尽・屋・届・屈
5 開・閣・閲・関・闘
6 数・敗・改・攻・敵
7 牧・物・牲・特・犠
8 卒・千・南・半・協
9 友・収・及・受・又
10 印・卸・卵・即・却

（いずれも順不同）

3 P.52・53

1	2	3	4	5	6	7	8	9	10	11	12	13	14	15	16	17	18
ア	エ	ア	エ	ウ	ア	イ	イ	ア	エ	ウ	イ	イ	ウ	エ	エ	エ	ア

19	20	21	22	23	24	25	26	27	28	29	30	31	32	33	34	35	36
ア	エ	ア	ア	エ	ア	エ	イ	ウ	ウ	イ	エ	エ	イ	イ	ア	エ	ウ

練習2 P.54〜57

1 P.54・55

1	2	3	4	5	6	7	8	9	10	11	12	13	14	15	16	17	18	19	20	21
ウ	ア	ア	ウ	エ	ア	エ	ウ	ア	エ	エ	ア	イ	ウ	ア	イ	イ	ア	ウ	ウ	エ

22	23	24	25	26	27	28	29	30	31	32	33	34	35	36	37	38	39	40	41	42
エ	エ	イ	エ	ア	ア	ア	エ	エ	ア	エ	イ	エ	エ	ウ	イ	エ	ア	イ	エ	エ

スキルアップ（練習2 1）

3 「執」「報」「垂」などの部首は「土(つち)」。

4 「⺍」は「つかんむり」という部首。

5 「夕」は「た・ゆうべ」という部首で、夜に関する意味を持つ部首である。

7・8 「到」の部首は「刂(りっとう)」だが、「致」の部首は「至(いたる)」で、「攵(のぶん・ぼくづくり)」ではない。

10 「膚」は身体に関係する字なので、部首は「肉(にく)」になる。

16 「大」は「だい」という部首。「奏」「奥」なども この部首になる。

20 「釆」は「のごめへん」という部首。

21 「殳」は「るまた・ほこづくり」といい、殴りつける、殺す、の意味を持つ部首である。

22 「幺」は「よう・いとがしら」という部首。糸の端というところから、「小さい」意を表し、「幽」にある「かすか」という意に通じる。

34 「舎」の部首は「舌(した)」。旧字(「舍」)の「舌」の部分の形が変わったので、わかりにくくなっている。

36 「黙」の旧字は「默」。「黑(黒の旧字)」が部首で、「黙」と新字体に形が変わっても部首は「黒」のままになっている。

39 「畜」の部首は「田(た)」だが、「蓄」の部首は「艹(くさかんむり)」である。

練習2

2 P.56・57

1 人　2 戸　3 月　4 儿　5 ⺮　6 大　7 十　8 心　9 覀　10 衣　11 犭　12 忄　13 力　14 衣　15 十　16 走　17 口　18 隹　19 歹　20 日　21 山　22 口　23 心　24 鳥　25 田

26 辛　27 羽　28 儿　29 骨　30 虫　31 土　32 乙　33 刂　34 艹　35 二　36 口　37 寸　38 心　39 鬼　40 走　41 ノ　42 頁　43 力　44 欠　45 欠　46 彡　47 尢　48 木　49 幺　50 亅

51 匸　52 ⺗　53 心　54 血　55 亅　56 心　57 又　58 土　59 舛　60 虍

61 頁　62 罒　63 日　64 肉　65 殳　66 車　67 斤　68 工　69 匚　70 糸

スキルアップ

練習2 **2**

1 「人」は「ひとやね」という部首。

4 「儿」は「ひとあし・にんにょう」という部首。

19 「歹」は「かばねへん・いちたへん・がつへん」という部首で、死ぬことに関する意味の部首である。「殊」のもとの意味は「断ち切って殺す」。

22 「哀」の部首は「口(くち)」。「亠(なべぶた)」や「衣(ころも)」としないように注意。

26 「辛」は「辛」自体が「からい」という部首。

41 「ノ」は「の・はらいぼう」という部首。意味ではなく、形の上から部首に立てられている。

47 「尢」は「だいのまげあし」という部首。

50 「亅」は「はねぼう」という部首。

51 「匸」は「かくしがまえ」といい、「医」「区」「匹」もこの部首。

59 「舛」は「まいあし」という部首。

62 「罒」は「あみがしら・あみめ・よこめ」という部首。

68 「巨」の部首は「工(え・たくみ)」になる。

69 「匠」の部首は「匚(はこがまえ)」で常用漢字でこの部首に属するのは「匠」のみ。

熟語の理解 熟語の構成

▼本誌 P.64〜70

ウォーミングアップ

P.64

1

1 読書　2 師弟　3 苦境　4 問答

5 納税　6 実害　7 豊富　8 国有

2

1 未　2 不　3 無　4 非　5 未　6 不

7 未　8 不　9 不　10 非　11 未　12 非

練習1 P.65

1

1 ウ
2 オ
3 エ
4 イ
5 イ
6 イ
7 ア
8 ウ
9 ア
10 ア
11 ア
12 エ
13 ウ
14 ア
15 オ
16 ウ

練習2 P.66〜70

1 P.66・67

1 ア
2 ア
3 エ
4 ア
5 イ
6 オ
7 イ
8 エ
9 ア
10 ア
11 イ
12 エ
13 イ
14 ア
15 ア
16 エ
17 イ
18 ウ
19 エ
20 ア
21 イ
22 オ
23 ア
24 ウ
25 エ
26 ア
27 イ
28 ウ
29 エ
30 オ
31 ウ
32 エ
33 イ
34 ア
35 イ
36 ウ
37 エ
38 エ
39 イ
40 ウ
41 ウ
42 ウ
43 オ
44 ウ
45 エ
46 イ
47 ウ
48 オ
49 ウ
50 エ
51 ア
52 ア
53 エ
54 ウ
55 オ
56 ウ
57 ア
58 イ
59 ウ
60 エ

スキルアップ（練習2 1）

9 「拓」にも「ひらく」という意味がある。
13 「点」には「ともす」という意味がある。
18 「疾走《しっそう》」は、速く走ること。「疾」には「速い」という意味がある。
24 「佳」は「よい」という意味の漢字。
27 「歓」は「よろこぶ」という意味の漢字。
42 「寸劇《すんげき》」とは、短くまとまった軽い演劇のこと。
56 「畔」には、「ほとり」という意味もある。

2 P.68

1 値
2 覚
3 清
4 細
5 新
6 選
7 助
8 賛
9 略
10 独

スキルアップ（練習2 2）

2 「覚」にも「悟」と同様、「さとる」という意味がある。
6 「択」は「えらぶ」という意味の漢字。
8 「称」「賛」ともに「ほめたたえる」という意味がある。

練習2

3 P.68

1 キ　2 オ　3 ウ　4 ア
5 イ　6 カ　7 エ　8 ク

練習2 **3**

スキルアップ

1 「濫」は、「みだれる、みだり、度をこす」という意味の漢字。「濫伐《らんばつ》」は、むやみに木を切ること。

4 「芳香《ほうこう》」は、かぐわしい香りのこと。

8 「高楼《こうろう》」は、高い建物のこと。

---

4 P.69

1 キ　2 カ　3 オ　4 エ
5 イ　6 ア　7 ク　8 ウ

練習2 **4**

スキルアップ

7 「翻」には「ひるがえす」という意味があり、「翻意《ほんい》」は「意をひるがえす」すなわち、「決心を変える」という意味。

5

1 守　2 進　3 果　4 易
5 優　6 首　7 淡　8 受

練習2 **5**

スキルアップ

1 「攻防《こうぼう》」も反対の意味の漢字を重ねた熟語だが、文意から「攻守《こうしゅ》」をとる。

3 「原因」と「結果」という対義語から考えよう。

6 「首尾《しゅび》」は、はじめと終わり、物事の始まりや結果のこと。「首尾よく」で、うまい具合に、の意。

8 「授」は「さずける」の意の漢字。勘違いして「授与」としないように注意。

---

6 P.70

1 イ　2 エ　3 ア　4 ウ　5 エ　6 エ
7 イ　8 イ　9 ア　10 ウ　11 ウ　12 エ

練習2 **6**

スキルアップ

3 「概」は、おおむねという意味の漢字。「概況《がいきょう》」で、だいたいのようす、という意味の熟語になる。

5 「春」が「迎」の目的語・補語になっていることに注目。

6 「抑」「圧」ともに、おさえつけるという意味を持つ漢字。

8 「常」が「駐」を修飾している。

9 「雅俗《がぞく》」も「彼我《ひが》」も上下の字が反対、対応の意味を表している。「彼我」とは、相手の側と自分の側。

ウォーミングアップ P.71

1
1 催
2 錯
3 穏
4 譲
5 胎
6 滑
7 募
8 綱

練習1 P.72

1
1 抽選
2 埋葬
3 擁立
4 先哲
5 施行
6 膨張
7 符合
8 卓越
9 抑止
10 満喫

2
1 陳情
2 撃墜
3 随想
4 真髄
5 誘致
6 土偶
7 厚遇
8 緊密
9 工房
10 重鎮

練習2 P.73〜75

1 P.73
1 ケ
2 キ
3 カ
4 オ
5 ウ

練習2 1
スキルアップ
3 「帆走《はんそう》」「帆柱《ほばしら》」「出帆《しゅっぱん》」と、「帆」の読み方が熟語によって異なることに注意。
4 「潤色《じゅんしょく》」は、事実や文章などをつくろって飾ること。
5 「封」は、「フウ」「ホウ」と二つの音を持つ漢字であることをおさえる。

2
1 キ
2 ケ
3 オ
4 エ
5 ア

練習2 2
スキルアップ
2 「架」は、たな、かけるという意味を持つ漢字。
4 「鋳型《いがた》」「鋳物《いもの》」は「鋳」を訓で、「鋳造《ちゅうぞう》」は音で読む熟語。
5 「廉」には、かど、いさぎよい、値段が安いなどの意味がある。「廉潔《れんけつ》」は、私欲がなく行いが正しいこと。「低廉《ていれん》」は、値段が安いこと。「廉売《れんばい》」は、物を安く売ること。

3 P.74
1 ケ
2 ク
3 カ
4 エ
5 コ

練習2 3
スキルアップ
2 「超克《ちょうこく》」は、困難を乗り越え、それに打ち勝つこと。「相克《そうこく》」は、対立・矛盾するものが互いに争うこと。「克己《こっき》」は、自分の欲望などに打ち勝つこと。
3・4 よぶという意の「喚」と、かえるという意の「換」をしっかり区別する。
5 「請負《うけおい》」は、「請」も「負」も訓で読むので注意。

練習2

4 P.74

1 キ
2 コ
3 ア
4 ケ
5 ク

スキルアップ 練習2 4

3・4 おおよそという意の「概」と、嘆く、いきどおるという意の「慨」をしっかり区別する。

5 「延滞《えんたい》」は、支払いや納入が予定の期日よりも遅れることをいう。

---

5 P.75

1 d
2 e
3 f
4 b
5 c
6 a
7 b
8 c
9 f
10 e
11 c
12 a
13 a
14 e

スキルアップ 練習2 5

2 「傍証《ぼうしょう》」は、間接的な証拠。

3 「陣」には、兵を配置する、いくさという意味がある。

5 「理路《りろ》」は、物事の考え方や話の筋道。

6 「鎮」にはしずまるという意味と、「おもし」「おさえとなるもの」の意がある。

9 「排列《はいれつ》」という熟語はあるが、「排烈」はない。また「排列」は、順序よく並べること。

10 「格納《かくのう》」「出納《すいとう》」「納得《なっとく》」と「納」の読み方が熟語によって異なることに注意。

対義語・類義語

▼本誌P.82〜91

ウォーミングアップ P.82・83

1 P.82

1 撃
2 実
3 厳
4 息
5 必
6 極
7 設
8 費

2

1 開始
2 円満
3 加盟
4 非難
5 安定
6 従順
7 破損
8 収縮
9 強制
10 没落
11 軽率
12 賢明

3 P.83

1 息
2 永
3 念
4 刺
5 屈
6 務
7 廉
8 分
9 敢
10 序

4

1 思案
2 困苦
3 所持
4 興味
5 敵対
6 辛抱
7 承知
8 基盤
9 手段
10 閉口

練習1 P.84〜87

1 P.84

1 アさいむ　イ権
2 アはっせい　イ滅
3 アこうきゅう　イ暫
4 アさくじょ　イ添
5 アきょうちょう　イ排
6 アそうぞう　イ倣
7 アとういつ　イ裂
8 アこんなん　イ容
9 アじたい　イ諾
10 アせいみつ　イ粗
11 アぜんりょう　イ邪
12 アじまん　イ卑

2 P.85

1 アどうらく　イ味
2 アしんぱい　イ憂
3 アぼうかん　イ座
4 アゆうもう　イ敢
5 アたいよう　イ概
6 アていさい　イ外
7 アしつぼう　イ胆
8 アぞうえい　イ建
9 アせつげん　イ倹
10 アあんない　イ誘
11 アへいてい　イ鎮

練習1

3 P.86

1 ア・エ
2 ウ・エ
3 イ・ウ
4 ア・イ
5 ウ・エ
6 イ・ウ
7 ア・イ
8 イ・ウ
9 ア・ウ
10 イ・エ
11 ウ・エ
12 ア・イ
（いずれも順不同）

4 P.87

1 イ・エ
2 ア・エ
3 ア・ウ
4 ウ・エ
5 イ・ウ
6 ア・イ
7 ウ・エ
8 イ・エ
9 ア・ウ
10 イ・ウ
11 ア・エ
12 ア・イ
（いずれも順不同）

練習2 P.88～91

1 P.88

1 粗
2 開
3 縮
4 衰
5 根
6 憶
7 繁
8 了
9 否
10 敢

練習2 1 スキルアップ

2 「閉鎖《へいさ》」の対義語だから、自由に出入りできるようにすることの「開放《かいほう》」が正しい。「解放《かいほう》」は「束縛《そくばく》」「拘束《こうそく》」の対義語にあたる。

9 「可否《かひ》」には、賛成と反対という意味だけでなく、よいか悪いか、という意味もある。

2

1 虚
2 滞
3 卑
4 損
5 免
6 浪
7 措
8 尋
9 邪
10 克

練習2 2 スキルアップ

1 「虚構《きょこう》」は、実際にはないものを本当のように作り上げること。

3 「卑屈《ひくつ》」は、自分をいやしめて、必要以上にへりくだること。「尊大《そんだい》」は、他人を見下して軽く扱うこと。

10 「克明《こくめい》」は、細かいところにまで気を配り、手落ちのないさま。

3 P.89

1 稚
2 辞
3 誉
4 微
5 妨
6 華
7 釈
8 途
9 陰
10 辛

練習2 3 スキルアップ

1 「老練《ろうれん》」は、経験を積み、慣れて巧みなこと。

2 「固辞《こじ》」は固く辞退すること。

9 「光陰《こういん》」は、「光」が日、「陰」が月の意で、月日、時間を意味する。

10 「辛苦《しんく》」は、つらい目に遭い、苦しむこと。

練習2

4 P.89

1 諮　2 北　3 遵(順)　4 暖　5 零

6 突　7 再　8 遂　9 罰　10 没

練習2 4 スキルアップ

1 上役などの「諮問《しもん》」に対して意見を述べることを「答申《とうしん》」という。

5 「零落《れいらく》」は、落ちぶれること。

6 「突飛《とっぴ》」は、並外れて風変わりなさま。

5 P.90

1 断　2 黙　3 雑　4 優　5 勉

6 警　7 謀　8 専　9 剣　10 債

練習2 5 スキルアップ

6 「警戒《けいかい》」は、危険や災害などに備えて未然に防ぐよう注意すること。

8 「専制《せんせい》」は、上に立つ人物が独断で事を行うこと。

10 「負債《ふさい》」は、借りた金品の返済義務を負うこと。また、その金品。

6

1 却　2 反　3 随　4 兼　5 平

6 熟　7 申　8 嘱　9 縛　10 弁

練習2 6 スキルアップ

6 「円熟《えんじゅく》」は、人格や知識・技術が発達し、豊かであること。

7 「具申《ぐしん》」は、(目上の者に意見や事情を)詳しく申し述べること。

7 P.91

1 昇　2 理　3 納　4 鉛　5 燥

6 悲　7 隷　8 着　9 該　10 陳

練習2 7 スキルアップ

4 「鉛直《えんちょく》」は、水平面に対して垂直であること。

7 「隷属《れいぞく》」は、他の支配下で言いなりになること。

8

1 隔　2 優　3 抽　4 超　5 冗
6 比　7 廉　8 篤　9 継　10 鼓

練習2 **8**

スキルアップ

5 「冗漫《じょうまん》」は、表現に締まりがなく、むだが多いこと。

8 「篤」には、病気が重いという意味もあり、「危篤《きとく》」は、病気などが重くて、生命が危ういこと。

10 「鼓舞《こぶ》」は、鼓《つづみ》を打ち、舞を舞う意から、励まして勢いづけること。

四字熟語

▼本誌P.96〜107

ウォーミングアップ P.96・97

1 P.96

1 意　2 答　3 沈　4 衣　5 鬼
6 即　7 動　8 才　9 実　10 伝

2 P.97

1 千　2 十　3 一　4 三　5 八　6 四　7 五　8 千
9 一　10 六　11 七　12 万　13 二　14 百　15 九　16 四

練習1 P.98〜101

1 P.98・99

1 ウ　2 ア　3 エ　4 ア　5 ウ　6 エ　7 イ　8 エ　9 ア　10 イ　11 ア　12 エ　13 ア
14 イ　15 ウ　16 エ　17 ウ　18 エ　19 イ　20 エ　21 ア　22 エ　23 エ　24 イ　25 ウ　26 イ

---

2 P.100・101

1 鯨　2 着　3 怒　4 面　5 却　6 胆　7 励　8 有　9 乏　10 好　11 観　12 老　13 波　14 牛　15 給　16 門　17 覚　18 新　19 直　20 粗　21 飯　22 危　23 耳
24 触　25 可　26 騒　27 報　28 悲　29 境　30 文　31 失　32 霧　33 緊　34 赴　35 持　36 憂　37 射　38 松　39 志　40 客　41 分　42 和　43 奪　44 整　45 臨

練習2

1 P.102・103

1 新陳
2 万別
3 清廉
4 承諾
5 楼閣
6 錯誤
7 無縫
8 信賞
9 和敬
10 晴耕
11 湯池
12 両断
13 起死
14 電光
15 潜在
16 投合
17 美辞
18 鶏口
19 創意
20 不乱
21 止水
22 奮励
23 花鳥
24 一髪

25 篤実
26 転変
27 孤城
28 異夢
29 文人
30 幽谷
31 怒髪
32 遠隔
33 二鳥
34 鬼没
35 絶後
36 用意
37 異口
38 悪戦
39 暗雲
40 巧言
41 異曲
42 衆人
43 応急
44 大胆
45 専行

スキルアップ

練習2 **1**

1 「新陳代謝《しんちんたいしゃ》」は、新しいものが古いものにとって代わること。

3 「清廉潔白《せいれんけっぱく》」の「廉」にはいさぎよい、正しいという意味がある。「潔白」は心や行いがきれいなこと。

5 「空中楼閣《くうちゅう(の)ろうかく》」は、根拠のないこと、現実性に欠けることのたとえ。

6 「試行錯誤《しこうさくご》」は、試みと失敗を繰り返しながら適切な方法を見つけること。

8 「信賞必罰《しんしょうひつばつ》」は、功績のあった者には必ず賞を与え、罪を犯した者には必ず罰を課すこと。

9 「和敬清寂《わけいせいじゃく》」は、千利休《せんのりきゅう》の茶道の精神を象徴したことばで、主人と客が心を和らげて敬い、身のまわりを清らかで静かに保つこと。

10 「晴耕雨読《せいこううどく》」は、田園で俗世を離れてのんびりと心静かに生活すること。

11 「金城湯池《きんじょうとうち》」は、金(かね)で作った守りの堅固な城と熱湯をたたえた堀《ほり》の意から、他から攻め込まれない堅固な備えのこと。

13 「起死回生《きしかいせい》」は、絶望的な状況を立て直して、もとに戻《もど》すこと。「起死」も「回生」も死んだ人を生き返らせるという意味がある。

17 「美辞麗句《びじれいく》」は、巧みに飾り立てた美しいことば。またうわべだけを飾り立てた内容のないことば。

21 「明鏡止水《めいきょうしすい》」は、邪念のない澄み切った心境。

26 「有為転変《ういてんぺん》《てんべん》」は、この世のすべての存在や現象は常にうつろいやまないこと。この世が無常ではかないことのたとえ。

27 「孤城落日《こじょうらくじつ》」は、零落して昔の勢いを失い、助けもなく心細いさま。

28 「同床各夢《どうしょうかくむ》」も似た意味。

29 「文人墨客《ぶんじんぼっかく》《ぼっきゃく》」は、詩文や書画などの風雅に携わる人のこと。

30 「深山幽谷《しんざんゆうこく》」は、人が踏み入れていない奥深い静かな自然のこと。

37 「異口」を「異句」と書き誤らないこと。

39 「暗雲低迷《あんうんていめい》」は、前途が不安な状態が続くこと。

40 「巧言令色《こうげんれいしょく》」は、ことばを飾ったり、表情を繕って人にこびへつらうこと。「巧」を「攻」や「功」と書き誤らないこと。

41 「同工異曲《どうこういきょく》」は、外見は異なるが、内容は似たり寄ったりであること。

42 「衆人環視《しゅうじんかんし》」は、多くの人が見ていること。「周人」としない。

2 P.104・105

1 感慨
2 流水
3 強記
4 始終
5 揚揚（揚々）
6 選択
7 霧消
8 多岐
9 酔生
10 知新
11 日進
12 卓説
13 言語
14 旧態
15 連理
16 得失
17 小異
18 反応
19 晩成
20 権謀
21 単刀
22 緩急
23 低頭
24 無我
25 上意
26 門戸
27 我田
28 集散
29 乾燥
30 径行
31 無双
32 隻語
33 大敵
34 無欠
35 心機
36 先制
37 容姿
38 立身
39 満帆
40 緩衝
41 明快
42 志操
43 地異
44 熟慮
45 徒食

練習2 **2**

スキルアップ

3 「博覧強記《はくらんきょうき》」は、知識が豊富なことをいう時に使う。

5 「意気揚揚《いきようよう》」と同じような意味の表現に「意気衝天《いきしょうてん》」がある。

7 「雲散霧消《うんさんむしょう》」は、雲が散り、霧が消えてなくなるように、跡形もなくなること。

9 「酔生夢死《すいせいむし》」は、何をするということもなく、ぼんやりと一生を過ごすこと。

12 「高論卓説《こうろんたくせつ》」は、優れた意見や議論。

14 「旧態依然《きゅうたいいぜん》」は、昔のままで少しも進歩しないこと。

15 「比翼連理《ひよくれんり》」は、男女の情愛が深く、仲の良いことのたとえ。

20 「権謀術数《けんぼうじゅっすう》」は、人を欺くための策略。

21 「単刀直入《たんとうちょくにゅう》」は、前置きなしに本題に入ること。

25 「上意下達《じょういかたつ》」は、上の者の意志や命令を、下の者によく伝えること。「上意」を「上位」としない。

27 「我田引水《がでんいんすい》」は、自分に都合よく考えたり、事を進めたりすること。

28 「離合集散《りごうしゅうさん》」は、離れたり集まったりすること。協力したり反目したりすること。

30 「直情径行《ちょくじょうけいこう》」は、周囲の状況や相手の気持ちに構わず、自分の思ったとおりに振る舞うこと。「径行」を「傾向」と誤らないように注意。

32 「片言隻語《へんげんせきご》」は、ほんのひと言ふた言といった、わずかなことばのこと。同じような意味の表現に「一言半句《いちごんはんく》」がある。

35 「心機」を「心気」「新規」などと書き誤らない。

39 「順風満帆《じゅんぷうまんぱん》」は、物事がすべて順調に進んでいるさま。

40 「緩衝《かんしょう》」とは、二つのものの間にあって、その不和や衝突を和らげることをいう。

42 「志操堅固《しそうけんご》」は、主義や考えなどを堅く守って変えないこと。「志操」は堅く守って変えない志のことで、「思想」と書き誤らないように注意。

45 「無為徒食《むいとしょく》」は、何もしないで、ただぶらぶらと毎日を過ごすこと。「無為」は何もしないこと。「徒食」は、働かないで遊んで暮らすこと。

練習2

3 P.106

1 万　2 乱　3 敢　4 反　5 孤
6 想　7 群　8 辛　9 胆　10 斗

練習2 3 スキルアップ

1 「千紫万紅《せんしばんこう》」は、色とりどりの花が咲き乱れているさまで、「千紅万紫《せんこうばんし》」「万紫千紅《ばんしせんこう》」ともいう。

3 「勇猛《ゆうもう》」は、勇ましく強いこと。「果敢《かかん》」は、判断力があり、押しきって成し遂げるさま。

4 「二律背反《にりつはいはん》」は、相互に対立・矛盾する二つの命題が、同等の権利を持って主張されること。

8 「粒粒辛苦《りゅうりゅうしんく》」は、こつこつと努力や苦労を重ねること。

10 「冷汗三斗《れいかんさんと》」とは、冷や汗が三斗も出るような、とても恐ろしい目に遭ったり、恥ずかしい思いをしたりすること。

4

1 滑　2 仏　3 棄　4 志　5 攻
6 義　7 有　8 災　9 船　10 錯

練習2 4 スキルアップ

1 「円転滑脱《えんてんかつだつ》」は、物事が滞らず、すらすら運ぶさま。

2 「鬼面仏心《きめんぶっしん》」は、見た目は恐ろしそうだが、本当は心がとても優しいこと。

7 「有象無象《うぞうむぞう》」は、形あるものないものすべて。転じて、数は多いが種々雑多なつまらない人々。

9 「南船北馬《なんせんほくば》」は、あちこち広く旅行すること。

5 P.107

1 謀　2 青　3 霊　4 飛　5 胎
6 幻　7 民　8 雑　9 随　10 生

練習2 5 スキルアップ

1 「深謀遠慮《しんぼうえんりょ》」は、深く考え、将来のことまで見通して計画を立てること。

5 「換骨奪胎《かんこつだったい》」は、古いものをもとにして独自のものを生み出すこと。

7 「経世済民《けいせいさいみん》」は、世の中を治め、人民を救うこと。

10 「生者必滅《しょうじゃひつめつ》」を「盛者必衰《じょうしゃひっすい》」と混同しないように注意。

6

1 佳　2 裂　3 西　4 朗　5 孤
6 如　7 貫　8 魂　9 交　10 炉

練習2 6 スキルアップ

2 「支離滅裂《しりめつれつ》」は、ばらばらで筋道が立っていないこと。「滅烈」などと書かないように注意。

3 「古今東西《ここんとうざい》」は、昔から今まで、東西四方のすべて。いつでも、どこでも、という意味。

10 「炉辺談話《ろへんだんわ》」は、いろりのそばでくつろいでする、打ち解けた話。

送りがな

▼本誌P.112〜119

ウォーミングアップ P.112・113

1
1 イ
2 ア
3 イ
4 イ
5 イ
6 イ
7 ア
8 イ
9 ア
10 イ
11 ア
12 ア
13 ア
14 ア
15 イ
16 ア
17 ア
18 イ
19 ア
20 ア
21 イ
22 ア
23 ア
24 ア
25 イ

練習1 P.114・115

1 P.114
1 殴る
2 仕える
3 企てる
4 顧みる
5 慎む
6 粗い
7 悟る
8 珍しい
9 乏しい
10 賢い

2
1 となえる
2 ただよう
3 そそぐ
4 いたす
5 からい
6 こうむる
7 あつかう
8 おさえる
9 いそがしい
10 せめる

3 P.115
1 疲れ
2 伺う
3 怪しい
4 控える
5 催す
6 諮る
7 迫る
8 哀れだ
9 詳しく
10 揺れる
11 嫁ぐ
12 搾る
13 悔いる
14 滑る
15 貫く
16 緩やかな
17 欺く
18 愚かな
19 掲げる
20 雇う

練習2 P.116〜119

1 P.116・117
1 商い
2 携え
3 頼もしい
4 預ける
5 垂らす
6 喜ぶ
7 幼い
8 悟る
9 敬う
10 凍える
11 硬い
12 疑わしい
13 絞る
14 削る
15 裁き
16 著しく
17 誤る
18 背ける
19 施す
20 染める
21 慌ただしい
22 湿る
23 築く
24 潤す
25 臨む
26 群がる
27 貧しい
28 穏やかな
29 戒め
30 辛うじて
31 衰える
32 強いる
33 怠る
34 遂げる
35 危ぶま
36 清らかな
37 授かる
38 惜しむ
39 潜む
40 減らす
41 厳かな
42 競う
43 閉ざし
44 告げる
45 軽やかに
46 繕う
47 粗い
48 語らう
49 憎む
50 養う

スキルアップ（練習2 1）

7 活用のある語は活用語尾を送るという、通則1の本則にあてはまる語なので、「幼い」となる。

16 終止形は「著しい」。通則1の例外より語幹が「し」で終わる形容詞なので、「し」から送る。

41 「厳か（だ）」は、活用語尾の前に「か」を含む形容動詞。

48 「語らう」は、通則2の本則①にあてはまる語。「語らう」は「語る」を含んでいるので「語る」の送りがなのつけ方による。

練習2

2 P.118・119

1 促す
2 補う
3 災い
4 滞る
5 奪う
6 鍛える
7 設ける
8 秘める
9 散らかる
10 慌てる
11 直ちに
12 訪れる
13 粘る
14 縛る
15 率いる
16 伴う
17 赴く
18 険しく
19 健やかな
20 平らげ
21 冷まし
22 辞める
23 蒸らし
24 連ねる
25 欠かさ
26 覆う
27 厳しく
28 募る
29 志す
30 慕う
31 縮れる
32 妨げる
33 構える
34 速やかな
35 膨らむ
36 導く
37 照らし
38 結わえる
39 済ませる
40 滅びる
41 改める
42 盛んだ
43 漏れる
44 逆らう
45 嘆かわしい
46 快く
47 惑わさ
48 慰める
49 退ける
50 栄え

スキルアップ

練習2 **2**

3 名詞には送りがなをつけないのが本則だが、例外もあり、「災い」は、「幸せ」「斜め」などと同じように、最後の音節を送る。

11 副詞は「必ず」のように、最後の音節を送るが、「直ちに」のように例外もある。

29 名詞の「志《こころざし》」には送りがなはつかないが、動詞の「志《こころざ》す」の時は活用語尾を送る。

同音・同訓異字

▼本誌P.122〜129

ウォーミングアップ P.122・123

1 P.122

1 ア
2 イ
3 ア
4 イ
5 ア
6 イ
7 イ
8 ア
9 イ
10 ア
11 イ
12 ア
13 ア
14 イ
15 イ
16 ア

2 P.123

1 イ
2 ア
3 ア
4 イ
5 イ
6 ア
7 ア
8 イ
9 イ
10 ア
11 イ
12 ア
13 ア
14 イ

練習1 P.124・125

1

1 イ
2 オ
3 エ
4 ア
5 エ
6 ア
7 オ
8 エ
9 イ
10 オ
11 イ
12 エ
13 オ
14 ア
15 ウ
16 エ
17 ア
18 オ
19 ア
20 エ
21 オ
22 ア
23 エ
24 イ
25 エ
26 エ
27 ア
28 オ
29 ウ
30 イ
31 エ
32 オ
33 エ
34 オ

練習2 P.126〜129

1 P.126・127

1 イ　2 オ　3 ウ　4 エ　5 オ　6 ア　7 イ　8 ア　9 エ　10 ア　11 イ　12 オ　13 エ　14 オ　15 イ　16 エ　17 ウ　18 イ　19 オ　20 イ　21 ア

22 オ　23 エ　24 ウ　25 オ　26 エ　27 ウ　28 ア　29 イ　30 エ　31 ウ　32 エ　33 イ　34 イ　35 ウ　36 オ　37 イ　38 エ　39 オ　40 エ　41 ウ　42 イ

練習2 1 スキルアップ

10 信用しないことという意味に適切なのは「不信」。「不審」は、疑わしいこと。「不振」は、勢いや成績などが振るわないこと。

13 「啓示《けいじ》」は、人知を超えたことを、神が教え示すこと。

17 「冠水《かんすい》」は、出水が原因で水をかぶること。

21 「陶」には、よろこぶ、楽しむという意味もある。「陶酔《とうすい》」で、うっとりとしてその気分に浸り楽しむこと。

27 生き物を捕らえることから、「獲」が正しい。

34 「意匠《いしょう》」は、工夫すること。物品を美しく見せるため、その形や色彩などに加える考案やデザイン。

36 「昇華《しょうか》」は、固体から直接気体になる、もしくはその逆の現象のことだが、ある状態からさらに純粋、高度な状態に飛躍することもいう。

2 P.128

1 エ　2 ウ　3 ア　4 エ　5 オ　6 イ　7 ア　8 エ　9 イ

10 エ　11 ア　12 ウ　13 オ　14 エ　15 ウ　16 ウ　17 エ　18 オ

19 エ　20 ウ　21 オ

練習2 2 スキルアップ

5 その状態や条件の及ぶ範囲を示すのは「下」。

6 土台や基礎といった、根幹となる部分の意味を持つのは「基」。

7 布地などの目が密になることは「詰む」。

13 船が港でいかりを下ろして休むことも「泊まる」。

15 「富」の訓は「と-む」と「とみ」。

3 P.129

1 揮　2 机　3 忌　4 既成　5 規制　6 既製　7 体制　8 体勢　9 大勢　10 資格　11 視覚　12 死角

13 絞　14 締　15 図　16 測　17 量　18 飽　19 空　20 開　21 憩　22 鶏　23 巧　24 綱

練習2 3 スキルアップ

7 社会を支配する権力を意味するのは「体制」。

8 何かをするときの体の構えは「体勢」。

9 だいたいの形勢を表すのは「大勢」。

12 見通しのきかない所や角度をいうのは「死角」。

書き取り

▼本誌P.132〜147

ウォーミングアップ P.132・133

1 P.132

1 任・責任
2 添・添加
3 練・未練
4 許・特許
5 共・公共
6 戒・警戒
7 寄・寄宿
8 挙・列挙
9 傾・傾斜

2 P.133

1 干
2 伸
3 暇
4 牧
5 目
6 掛
7 卓
8 拝
9 銭
10 抑
11 笑
12 喫
13 質
14 畳
15 迎
16 帆
17 滝
18 翻
19 粋
20 麦
21 腹
22 煮
23 襲
24 彫

練習1 P.134〜139

1 P.134・135

1 体裁
2 操作
3 魂胆
4 意匠
5 寿
6 批判
7 浸透
8 冠
9 処置
10 山岳
11 伝染
12 憩
13 縫
14 強引
15 藩校
16 企
17 安易
18 貧乏
19 携行
20 丸裸
21 甲乙
22 炊
23 掲揚
24 食糧（食料）
25 某
26 袋
27 匿名
28 発覚
29 沿革
30 誤差
31 分泌
32 創作
33 漂着
34 豪華
35 胎動
36 福祉
37 祝宴
38 鎖
39 演劇
40 呼応
41 刷新
42 一厘
43 類似
44 征伐
45 赦免
46 犠牲
47 狩猟

2 P.136・137

1 威勢
2 卸値
3 遵守（順守）
4 緩急
5 騎馬
6 遭遇
7 交錯
8 源
9 炊飯
10 勤
11 至
12 邪魔
13 申請
14 束縛
15 掌握
16 措置
17 外郭
18 該当
19 土産
20 分岐
21 架線
22 帳簿
23 逮捕
24 穏便
25 座
26 臨
27 片時
28 軒下
29 悦楽
30 軌跡
31 既
32 一斤
33 皇帝
34 吉報
35 伴奏
36 癖
37 墨付
38 暖炉
39 研
40 排斥
41 木綿
42 顧慮
43 墜落
44 催促
45 古墳
46 愚直
47 錠剤

3 P.138・139

1 対処
2 跳
3 混雑
4 供
5 沿
6 凍結
7 敵討
8 就職
9 嘱託
10 預金
11 湿潤
12 割
13 著
14 邪推
15 募金
16 時雨
17 濫用（乱用）
18 危篤
19 鍛錬（鍛練）
20 磁石
21 改訂
22 散策
23 憲法
24 官吏
25 模型
26 炎
27 将棋
28 丘陵
29 肝
30 意気地
31 紺色
32 棄却
33 債権
34 焦
35 哀切
36 軽重
37 野蛮
38 甲高
39 徐行
40 共謀
41 余程
42 日和
43 翌日
44 潜伏
45 卓越
46 又貸
47 陪審

練習2 P.140〜147

1 P.140・141

1 画廊
2 鋼鉄
3 衝突
4 近郊
5 横殴
6 潜
7 契約
8 負担
9 産卵
10 出納
11 坑道
12 削減
13 昇進
14 縮尺
15 老衰
16 苗木
17 香辛
18 車窓
19 感慨
20 哲学
21 格調
22 石碑
23 財布
24 招待
25 芳香
26 経
27 潤滑
28 賢
29 幸
30 撮
31 蒸
32 代物
33 譲
34 啓発
35 拘束
36 尾頭
37 額
38 擦
39 完遂
40 穂
41 極
42 稚魚
43 塗装
44 吸
45 歌姫
46 集
47 本邦
48 唱
49 誘致
50 模倣

スキルアップ（練習2 **1**）

4 「近郊《きんこう》」の「郊」は同音類字の「効」と誤らないように。

10 「出納《すいとう》」は、支出と収入のこと。

11 「坑道《こうどう》」の「坑」は文中の「鉱」や、同音類字の「抗」と誤りやすいので注意。

19 「感慨《かんがい》」の「慨」は同音類字の「概」と誤りやすいので注意。心の意味を持つ「忄(りっしんべん)」がつく「慨」は「なげく、深く感じる」などの字義があるので迷ったときは部首を参考にするとよい。

21 「格調《かくちょう》」は、文章・演説などの品格と調子。

29 「幸《さち》」には、漁や狩りの獲物という意味がある。

32 「代物《しろもの》」は、売買する商品。また、物や人について、皮肉を込めていう時にも使う。

36 「尾頭《おかしら》」を「御頭」と誤らないように注意。

37 「額《ひたい》を合わせる」は、額と額がくっつくほど近くに寄ること。

47 「本邦《ほんぽう》」とは「わが国」。「邦」は「国、国家、日本の国」という字義がある。

2 P.142・143

1 簡潔
2 朗詠
3 閲覧
4 伸
5 弱冠
6 脅威
7 緊迫
8 鯨
9 不燃物
10 解雇
11 娯楽
12 綿密
13 補修
14 移籍
15 巧
16 遺恨
17 開墾
18 暫定
19 点呼
20 生誕
21 加盟
22 次第
23 規模
24 特殊
25 雪辱
26 余
27 花嫁
28 勘定
29 説
30 菊
31 強硬
32 画壇
33 焦点
34 故
35 警鐘
36 追随
37 阻害
38 双子
39 抽出
40 鋳
41 痘
42 済
43 届
44 機
45 豚
46 怠
47 奮
48 魅了
49 抱擁
50 湾岸

スキルアップ（練習2 **2**）

2 「朗詠《ろうえい》」とは詩歌などを声高らかに歌うこと。「朗」を同音類字「郎」と誤らないように注意。

5 「弱冠《じゃっかん》」は、男性の二十歳のことをさすが、年が若いことをいう場合が多い。

10 「解雇《かいこ》」の「雇」は「顧」と誤りやすいので注意。「雇」は「やとう」、「顧」は「ふりかえる、心にかける」という字義がある。それぞれ訓読み「雇う」「顧みる」が字義につながるので、訓読みを参考に書き分けるとよい。

13 「補修《ほしゅう》」の「補」を「捕」「保」と誤らないよう注意。

16 「遺恨《いこん》」の「遺」は「遣」、「恨」は「根」と誤りやすい異音類字があるので注意。

18 「暫定《ざんてい》」とは正式に決定するまで取られる臨時の措置。

25 「雪辱《せつじょく》」とは恥をそそぐこと。「雪」には「すすぐ、きれいにする」という字義がある。

31 「強硬《きょうこう》」とは「自分の主張を押し通すさま」。「押し切って強引に行うこと」を表す「強行」と似た意味だが、「キョウコウな態度」という文脈から「強硬」と判断する。

32 「画壇《がだん》」とは画家たちの社会。

40 「いる」には「鋳る」「居る」「要る」「射る」など同訓異字が多い。「鋳る」は「金属を溶かして型に入れて鋳物を作る」意味で使用する。

練習2

3 P.144・145

1 被
2 餓死
3 貫通
4 度胸
5 虐待
6 倹約
7 弧
8 綱
9 侍
10 冗談
11 歴訪
12 領域
13 骨髄
14 劇的
15 桑
16 駐在
17 検尿
18 符号
19 山崩
20 幹
21 赤裸裸(赤裸々)
22 証拠
23 盛会
24 後悔
25 演奏
26 喚起
27 執務
28 虚勢
29 発酵
30 譲与
31 婿
32 一掃
33 遭
34 諮問
35 修繕
36 気孔
37 彫刻
38 討論
39 逆境
40 至難
41 超越
42 締結
43 背広
44 刷
45 細胞
46 伸縮
47 摂取
48 粘土
49 沈滞
50 開封

練習2 3 スキルアップ

6 「倹約《けんやく》」の「倹」を「検」「険」「堅」「健」と誤らないように注意。

7 「弧《こ》」を同音類字の「孤」と誤らないように注意。

14 「劇的《げきてき》」を「激的」と誤らないように注意。

18 「符号《ふごう》」とは、記号やしるし。同音異義語の「符合《ふごう》」と書くと、物事がぴったりと合うことを意味する語になってしまう。

23 「盛会《せいかい》」とは、盛大でにぎやかな会合。この文では、会がにぎやかなことという意味で使われている。

26 「喚起《かんき》」とは、よび起こすこと。「喚」を「換」「歓」「勧」などと誤らないように注意。

34 「諮問機関《しもんきかん》」とは、公的機関の諮問(意見を伺うこと)に応じ、学識者などが審議・調査し、意見を答申する機関。

35 「修繕《しゅうぜん》」を「修善」としないよう注意。

40 「至難《しなん》」は、非常に難しい様子。

49 「沈滞《ちんたい》」とは、一つの所に滞って動かないこと。

4 P.146・147

1 誇張
2 塊
3 近郷
4 換気
5 納得
6 申告
7 克服
8 頂
9 実施
10 主軸
11 親譲
12 支障
13 推移
14 提起
15 酔
16 幻滅
17 埋葬
18 慈善
19 三味線
20 痛
21 傍聴
22 佳境
23 老婆心
24 覆水
25 射
26 畜産
27 慕情
28 窒素
29 陶器
30 裁縫
31 飽食
32 湖畔
33 生
34 疾走
35 海賊
36 奉仕
37 乳房
38 鼓膜
39 隆起
40 激励
41 動揺
42 刈
43 収穫
44 果敢
45 海峡
46 古株
47 居直
48 敬遠
49 孤独
50 地獄

練習2 4 スキルアップ

1 「誇張《こちょう》」とは、事実よりも大げさに表現すること。

10 「主軸《しゅじく》」とは、中心の軸。ここでは「全体の中心となる人物」をさす。

14 「提起《ていき》」の「提」を同音類字の「堤」と誤らないように注意。

22 「佳境《かきょう》」を「過境」と誤らないよう注意。

23 「老婆心《ろうばしん》」とは、必要以上の心遣いをへりくだっていうことば。

25 「的《まと》を射《い》る」とは、的確に要点をつかむこと。

27 「慕情《ぼじょう》」とは、したわしく思う気持ち。

31 「暖衣飽食《だんいほうしょく》」で、十分に恵まれた生活を表す。

36 「奉」「仕」ともに「つかえる」。他人のために仕事をする」という字義がある。

45 「海峡《かいきょう》」の「峡」を「狭」「境」と誤らないように注意。

書き取り 誤字訂正

▼本誌P.148〜157

ウォーミングアップ P.148・149

1 P.148

1 イ　2 イ　3 ア　4 ア　5 イ　6 イ
7 イ　8 ア　9 ア　10 イ　11 ア　12 イ

2 P.149

1 郎・朗　2 観・看　3 点・天　4 復・複　5 粗・祖　6 科・課　7 困・混　8 識・織　9 延・沿　10 縮・宿
11 以・意　12 暦・歴　13 勤・筋　14 問・門　15 非・批　16 順・純　17 傷・障　18 供・備　19 縦・従　20 転・展

練習1 P.150〜153

1 P.150・151

1 激・劇　2 所・署　3 管・関　4 調・潮　5 捕・補　6 専・宣　7 英・栄　8 状・条　9 名・命　10 受・需　11 参・産　12 勢・制　13 解・開　14 克・刻　15 粘・念　16 構・講　17 治・直　18 易・優　19 収・修　20 創・想　21 攻・抗　22 義・議　23 通・痛　24 了・領　25 弾・断
26 敬・恵　27 行・航　28 標・評　29 複・復　30 勧・観　31 依・移　32 伴・判　33 否・非　34 州・周　35 体・態　36 解・壊　37 拠・挙　38 党・当　39 添・展　40 居・要　41 影・映　42 偉・威　43 徐・除　44 所・初　45 寄・既　46 察・擦

2 P.152・153

1 噴・奮　2 進・振　3 表・俵　4 焦・傷　5 郭・閣　6 確・画　7 思・志　8 召・招　9 妨・防　10 隣・臨　11 巧・功　12 継・次　13 違・遺　14 沈・静　15 快・回　16 抽・注　17 境・況　18 草・倉　19 打・討　20 成・正　21 貨・荷　22 混・困　23 走・創　24 前・全　25 精・性
26 宗・修　27 要・容　28 舞・分　29 映・影　30 戯・儀　31 中・仲　32 増・蔵　33 雄・勇　34 余・予　35 自・持　36 細・彩　37 起・揮　38 盛・静　39 賞・証　40 断・裁　41 免・綿　42 衆・集　43 非・比　44 添・沿　45 金・鐘　46 水・粋

練習2　P.154〜157

1 P.154・155

1 究・休
2 穏・温
3 争・相
4 前・善
5 煙・炎
6 毎・枚
7 宴・演
8 帰・返
9 豊・宝
10 決・欠
11 観・巻
12 事・殊
13 製・成
14 万・満
15 否・秘
16 当・統
17 緩・簡
18 関・感

19 首・主
20 負・腐
21 潜・浅
22 賛・参
23 欄・覧
24 声・請
25 道・同
26 渡・途
27 債・済
28 糧・漁
29 復・服
30 粉・紛
31 感・観
32 超・張
33 客・脚
34 飽・明
35 排・配

スキルアップ　練習2 1

1 「万事休《ばんじきゅう》す」は、手の施しようのない状態になること。
2 「温容《おんよう》」は、穏やかで優しい顔つきのこと。
4 「善後《ぜんご》」で、後々のためによいように始末をすること。
6 「枚挙《まいきょ》にいとまがない」は、たくさんありすぎて一つひとつ数えることができないこと。
10 欠くことができないのだから「不可欠《ふかけつ》」。
13 「作製《さくせい》」は、機械や図面を作る場合に用いる。文書や計画は「作成」。
14 会場いっぱいに満ちているのだから「満場《まんじょう》」。
16 系統に連なることなので、「正《せい》統派《とうは》」となる。
18 「関知《かんち》」は、関係することをいう。気付くことは「感知」。
24 「招請《しょうせい》」は、招いて来てもらうこと。
28 「領海内に」とあるので、「密漁船」が正しい。

2 P.156・157

1 除・序
2 双・相
3 淡・丹
4 継・系
5 少・小
6 倹・検
7 抗・向
8 会・塊
9 善・全
10 冒・暴
11 関・肝
12 行・後
13 卓・宅
14 置・致
15 体・態
16 付・布
17 脳・悩
18 鼓・呼

19 飾・食
20 答・頭
21 保・捕
22 用・要
23 境・郷
24 戸・斗
25 役・躍
26 岐・起
27 露・路
28 裁・載
29 旨・至
30 澄・済
31 故・顧
32 途・徒
33 般・判
34 解・開
35 接・折

スキルアップ　練習2 2

1 文意から「除幕」ではなく、物事の最初の意の「序幕」が適切だとわかる。
7 進行方向から向かってくるのだから「対向車」。
12 文意から、後輩を意味する「後進」が正しい。
13 家に届くのだから「宅配便」。
20 口頭で答える形の試験が「口頭試問」。「口頭」は口で述べること。「口答」は口で答えること。
22 事柄の要点を意味するので、「要領《ようりょう》」と書く。
29 「至当《しとう》」は、当然なこと。適当であること。
30 文中の「腹蔵《ふくぞう》」とは、本心を隠すこと。
32 「徒労《とろう》」は、むだな苦労。
34 困難な状態を切り開くから「打《だ》開《かい》」が正しい。

実力完成問題 第1回

▼本誌P.158～163

一
1 てんさく
2 ねんまく
3 すうせき
4 しょうげき
5 こうわん
6 ま
7 けいき
8 めんじょ
9 かんゆう
10 しょうちゅう
11 とうだん
12 えいたん
13 かんぷう
14 しっそう
15 しゅん
16 ちじょく
17 こうろ
18 しゅうねん
19 こりょ
20 しんぷく
21 ゆ
22 も
23 みやげ
24 もよお
25 た
26 はげ
27 おろ
28 よめ
29 たき
30 なぐさ

二
1 ウ
2 オ
3 ア
4 ウ
5 エ
6 ア
7 オ
8 ウ
9 イ
10 ア
11 オ
12 ウ
13 ウ
14 ア
15 オ

三
1 コ
2 オ
3 ア
4 ク
5 カ

四
1 エ
2 オ
3 ウ
4 ア
5 オ
6 ウ
7 イ
8 エ
9 ア
10 イ

五
1 ウ
2 ア
3 ア
4 ア
5 ウ
6 イ
7 ア
8 ウ
9 ア
10 イ

六
1 腐
2 静
3 匿
4 郊
5 異
6 緊
7 阻
8 信
9 図
10 歴

七
1 捨てる
2 構わ
3 隔てる
4 浴びせる
5 凝らす

八
1 千万
2 多才
3 一憂
4 名実
5 舌先
6 無道
7 適者
8 鼓舞
9 冠婚
10 異体

九
1 司→支
2 妨→防
3 息→速
4 鉄→哲
5 美→魅

十
1 包囲
2 沈黙
3 首脳
4 密約
5 横暴
6 液晶
7 砂糖
8 基礎
9 令嬢
10 規格
11 孫弟子
12 唐突
13 脅
14 口癖
15 黒焦
16 芝居
17 哀
18 紛
19 裂
20 野菊

実力完成問題 第2回

▼本誌P.164～169

一
1 かんばつ
2 せいれん
3 じょうみゃく
4 ほうが
5 きてい
6 くうきょ
7 こうき
8 みわく
9 かいこん
10 しんびがん
11 ひょうちゃく
12 れいほう
13 くったく
14 ふごう
15 きじく
16 ちゅうしゅつ
17 せつり
18 こすい
19 しゃかっこう
20 ろうもん
21 かぜ
22 おとろ
23 ふく
24 にぎ
25 なま
26 や
27 つらぬ
28 へだ
29 おもむ
30 のぞ

二
1 ウ
2 イ
3 エ
4 オ
5 ウ
6 ア
7 エ
8 ウ
9 イ
10 ウ
11 オ
12 ア
13 イ
14 エ
15 ア

三
1 カ
2 ア
3 コ
4 ケ
5 エ

四
1 ア
2 ウ
3 エ
4 オ
5 エ
6 ア
7 エ
8 イ
9 ア
10 ウ

五
1 ア
2 ウ
3 イ
4 イ
5 エ
6 ウ
7 ア
8 ア
9 エ
10 ウ

六
1 師
2 詳
3 就
4 栄
5 釈
6 双
7 排
8 略
9 宝
10 幽

七
1 激しい
2 任せる
3 励ます
4 報いる
5 埋もれる

八
1 山紫
2 択一
3 活殺
4 喜色
5 九厘
6 笑止
7 隻語
8 漫言
9 兼行
10 無根

九
1 申→針
2 徐→如
3 掲→携
4 集→周
5 異→移

十
1 警笛
2 驚嘆
3 起伏
4 看破
5 候補
6 愚劣
7 慰安
8 欧米
9 勘
10 暖流
11 喫
12 緊張
13 桑畑
14 名折
15 里芋
16 罪
17 乙女
18 浅瀬
19 粘
20 胸騒

ふろく

都道府県名

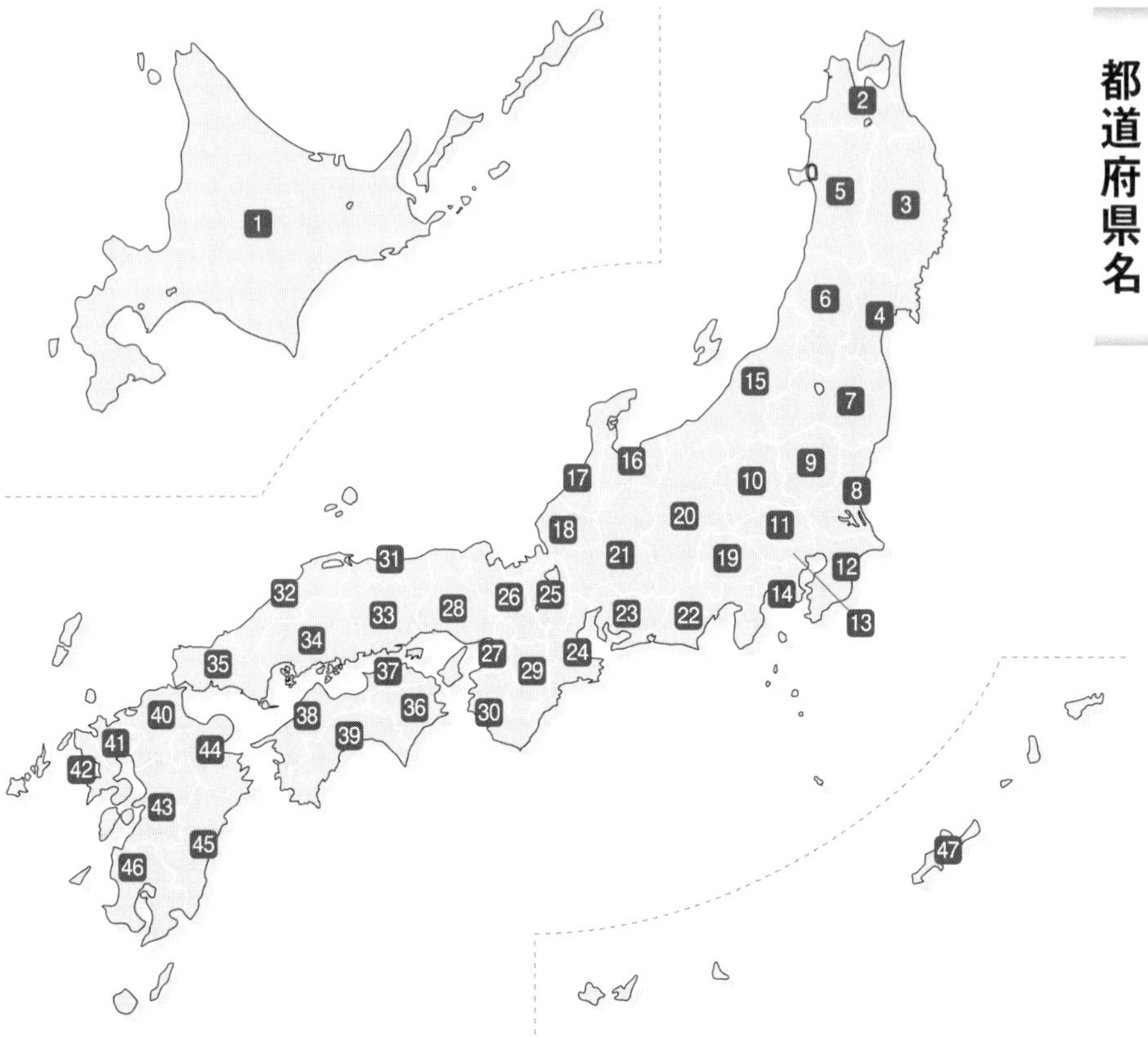

1	2	3	4	5	6	7	8	9	10	11	12	13	14	15	16
北海道《ほっかいどう》	青森県《あおもりけん》	岩手《いわて》県	宮城《みやぎ》県	秋田《あきた》県	山形《やまがた》県	福島《ふくしま》県	茨城《いばらき》県	栃木《とちぎ》県	群馬《ぐんま》県	埼玉《さいたま》県	千葉《ちば》県	東京都《とうきょうと》	神奈川《かながわ》県	新潟《にいがた》県	富山《とやま》県

17	18	19	20	21	22	23	24	25	26	27	28	29	30	31	32
石川《いしかわ》県	福井《ふくい》県	山梨《やまなし》県	長野《ながの》県	岐阜《ぎふ》県	静岡《しずおか》県	愛知《あいち》県	三重《みえ》県	滋賀《しが》県	京都府《きょうとふ》	大阪《おおさか》府	兵庫《ひょうご》県	奈良《なら》県	和歌山《わかやま》県	鳥取《とっとり》県	島根《しまね》県

33	34	35	36	37	38	39	40	41	42	43	44	45	46	47
岡山《おかやま》県	広島《ひろしま》県	山口《やまぐち》県	徳島《とくしま》県	香川《かがわ》県	愛媛《えひめ》県	高知《こうち》県	福岡《ふくおか》県	佐賀《さが》県	長崎《ながさき》県	熊本《くまもと》県	大分《おおいた》県	宮崎《みやざき》県	鹿児島《かごしま》県	沖縄《おきなわ》県